마지네일리아의 거주자

마지네일리아의 거주자

김지승

여성적 읽기로
여백을 쓰다

마티

서문: 친애하는 책장 친족들에게 7

1부 언어와 몸

거의 전적으로 갇힌 21
샬럿 퍼킨스 길먼, 「누런 벽지」

평소의 그것과는 완전히 다른 영원 29
클라리시 리스펙토르, 『별의 시간』

물고기 여자의 언어 39
다와다 요코, 『목욕탕』

바다가 검다는 거짓말 49
마르그리트 뒤라스, 『죽음의 병』

어떤 이름으로 죽음을 부르는가 57
버지니아 울프, 『파도』

세계 끝의 시인, 바스러지지 않는 노래 67
클로디 윈징게르, 『내 식탁 위의 개』

2부 몸과 타자

묘비와 책 그리고 엄마 81
메리 셸리, 「보이지 않는 소녀」

사랑이 사랑하는 사람보다 나을 수는 없다 89
토니 모리슨, 『가장 파란 눈』

말과 물의 환영(幻影) 99
클라리시 리스펙토르, 『아구아 비바』

고독의 결과 ··· 113
쓰시마 유코, 『빛의 영역』

한쪽 눈만 감고 잠이 들면 ···························· 123
찬쉐, 『황니가』

모든 계절 속의 겨울 ···································· 133
앨리 스미스, 『겨울』

모녀, 다중 우주의 타자들 ···························· 143
대니얼 콴·대니얼 샤이너트, 「에브리싱 에브리웨어 올 앳 원스」

3부 타자와 기억

고통이 기억으로 번역되지 않도록 ················ 163
캐시 박 홍, 『마이너 필링스』

이토록 뜨거운 공허: M과 N 사이 두 개의 O ········ 173
에스더 이, 『Y/N』

가기/돌아오기, 가기, 돌아오기
: 존재의 시차로 도착하는 제3의 장소 ················ 183
테레사 학경 차, 『딕테』 I

죽음이라는 묵음 ··· 203
테레사 학경 차, 『딕테』 II

일러두기
- 동일한 문헌이 반복해서 실리는 경우 첫 번째 주에 완전한 서지 정보를 적고 이후에는 본문에 쪽수만 표기했다.
- 외래어 표기는 국립국어원 외래어표기법을 따랐으나 일부 굳어진 표현은 그대로 사용했다.
- 한국에 소개되지 않은 인물과 책의 이름에만 원어를 병기했다.

서문
친애하는 책장 친족들에게

줄이면 'ㅊㅊㅊ'가 된다. 연달아 발음해보니 압력솥 증기 배출구가 회전하며 김을 내보내는 소리가 난다. 우리가 말소리를 내기까지 폐에서 기류를 만들고 성대에서 기류를 조절하고 입에서 그것을 변형시키는 과정이 연속적으로 일어난다. 'ㅊ'은 폐에서 나오는 공기를 먼저 잠시 막았다가 서서히 터뜨리면서 마찰을 일으켜 내는 파찰음이다. 파열과 마찰의 성질을 모두 가진 소리라는 의미이기도 하다. 처음에는 막히지만 결국 서서히 열리면서 어딘가 닿거나 충돌하는 소리. 이 글들을 쓰는 동안 멀고 가까운 목소리들이 내게 도착하는 과정도 이와 유사하지 않았을까. 열 번째 한글 자모 'ㅊ'이 조음되기까지, 몸 안에서 생성되어 밖으로 향하는 일련의 움직임을 먼저 기억해둔다.

H는 책에 점 하나 찍는 법이 없었다. 줄이나 메모는 말할 것도 없고 책장을 넘길 때에도 하얀 호접란에서 먼지를

닦아내듯이 신중하게 손을 움직였다. 무척 자연스러운 걸 봐서 한두 해에 생긴 버릇은 아닌 것 같았다. 그가 작가였기 때문에 혹시 너의 책도 누군가 그렇게 봐주기를 바라느냐고 물어볼 수 있었다. 그는 한 번도 생각해본 적 없는 질문을 받아 즉각 당황스러우면서도 어쩐지 흥미로운 순간을 만끽하더니 대답했다.

줄을 긋든, 메모를 남기든 내게 보여주지만 않으면 상관없지 않을까?

보여준다면?

아마 실비아 플라스처럼 느끼겠지.

실비아 플라스는 뉴넘 칼리지 재학 시절 자신이 빌려준 책에 친구가 연필로 주석을 달아놓은 걸 발견하고 일기에 그때의 감정을 기록했다. "나는 격분했다. 내 아이들이 외부인에게 구타당한 느낌이었다."* 책을 빌려주기 꺼리는 입장에서 그의 감정은 어느 정도 이해할 만하다. 물론 내가 H에게 가정한 상황과는 달랐고, H가 책에 흔적을 남기지 않는 이유와도 거리가 있었다. 다만 우리는 자주 어떤 힘에 짓눌린 탓에 아주 작은 압력에도 반응하는 자신을 나보다 과잉 반응하는 이들 곁에서 더 잘 이해했다. 약자는 경계를 원한다. 안전하다는 착각을 주기 때문이다. H가 동의했다. 너는 여백에 메모를 남기는 방식의 읽기를 누구에게 배웠어? 기억나지 않았다. 반문

---

* 원문은 사실 더 과격하다. "well, I was furious, feeling my children had been raped, or beaten by an alien"(Sylvia Plath, *The Unabridged Journals of Sylvia Plath, 1950-1962*, ed. Karen V. Kukil, New York: Anchor Books, 2000, p. 226).

과 이견을 책의 양쪽 여백에 남겨도 좋다고 말해준 사람은 없었다. 반대로 그래서는 안 된다던 사람들은 있었다. 그건 좀 그렇지 않니? 그래서 여백에 무심코 남긴 글들은 과거의 거추장스러운 억압들을 어렵게 처리하고 얻은 나만의 소박한 저항 방식으로서 의미를 갖게 되었다. 마지네일리아(marginalia). 이름과 긴 역사를 가진 방식이었다.

"여백(margin)에 있는 것들"이란 의미에서 파생된 마지네일리아는 책의 여백에 남기는 표식, 주석, 메모, 삽화, 분류할 수 없는 반응의 흔적들을 총칭한다. 중세 수도회나 근대 교육 기관에서 일종의 공부 관행으로 자리 잡았던 마지네일리아는 독자의 독립적인 시선과 위치를 반향하는 비평적 행위로, 또 중요한 외부 공간으로 부상하며 학문의 주변부에서 중심부로 이동해왔다. 예상 가능하겠지만 초기에는 마지네일리아의 주체와 연구 대상이 남성 철학자와 작가, 그 계승자에 한정되었다. 그들이 마지네일리아를 사용하는 방식과 가치를 주요하게 유통하고 축적하는 동안 가장자리의 가장자리에 놓인 이들은 새로운 경계 밖으로 밀려났다. 여백, 가장자리, 곁, 빔, 소외 등 마지네일리아가 내포하는 의미가 그것을 실천하는 위치와 맥락까지 결정하는 건 아니었다. 오랜 시간 언어에서 소외된 이들이 마지네일리아라는 공간에서 중

케임브리지 매들린 칼리지 고문헌 도서관에서 소장 중인 메리 애스텔의 데카르트 『철학의 원리』 사본. 애스텔의 마지네일리아를 볼 수 있다.

심과 가장자리, 텍스트와 주석, 인쇄된 공적 매체와 손으로 쓴 사적 메모 등의 관계를 새롭게 형성하기까지는 조금 더 시간이 필요했다.

17세기 말 영국의 중요한 철학자이자 사상가인 메리 애스텔(1666~1731)*은 여성은 철학적 사고를 할 수 없다는 믿음이 팽배했던 시절에 여성의 교육과 지적 성장에 관한 혁신적인 주장을 펼친 인물이다. 종종 영국 최초의 페미니스트라고 불리는 그의 장서 목록이 최근 추가로 발견되면서 그의 마지네일리아도 함께 공개되었다. 소유자 서명을 비롯해(마지네일리아 연구에 있어 책 소유자의 서명은 무척 중요하다. 책에 이름을 쓰자) 그가 직접 쓴 목차와 색인, 흩어져 있는 연필 밑줄과 중요 표시, 도형과 삽화 등이 다양하게 책의 여백을 채우고 있다. 무엇보다 본문 내용에 적극적으로 사고하고 반응한 문장들은 메리 애스텔의 철학적 진화를 잘 보여준다. 애스텔에게 책의 여백은 상호 관계적 읽기의 실천이 가능해지는 중요한 지적 공간이다. 흥미로운 점은 그가 리처드 앨러스트리의 『여성을 위한 교양서』(The Ladies Calling, 1673) 같은 여성 관련 저서들에는 마지네일리아를 이용해 여성주의적 개입을 분명히 하는 것과 달리, 데카르트의 『철학의 원리』(1681) 등의 철학서에는 반론이 필요한 상황에서도 여성주의적 비판이나 대응을 거의 하지

*Mary Astell.
메리 울스턴크래프트 이전 페미니스트 중 가장 주목받는 여성 작가이자 철학자. 『여성에게 전하는 진지한 제안』(A Serious Proposal to the Ladies, for the Advancement of Their True and Greatest Interest, 1부 1694, 2부 1697), 『결혼에 대한 몇 가지 성찰』(Some Reflections upon Marriage, 1700)에서 당시 남성 중심 사회에서 여성이 어떻게 억압받는지 비판하며 여성 교육의 필요성을 주장하는 등 여성 교육과 결혼 문제에 관한 혁신적 사유를 전개했다.

않는다는 점이다. 이와 같은 그의 다른 반응과 기록은 여성들이 어떤 시대든 예외 없이 이중 억압하에 있었다는 것을 새삼스럽게 일깨운다. 여성 '철학자'로서 그가 철학적 자아 형성 차원에서 소외되지 않아야 한다는 억압과 '여성' 철학자로서 여러 편견을 반증해야 한다는 억압 사이에서 일관되지 않은 선택을 한 메리 애스텔처럼 읽고 쓰는 여성은 으레 분열한다.

H는 세 번의 휴학을 끝으로 고등학교를 그만두었다. 제도 교육 밖에서 그가 경험한 마지네일리아는 주로 남성 저자의 철학서에서 어떤 힘의 위계와 계승을 증명하는 인장 같았다. 관련해 우리는 마지네일리아에 대한 버지니아 울프의 모순적 태도에 주목했다. 정규 교육을 받지 못한 버지니아 울프는 10대 시절 아버지 레슬리 스티븐(1832~1904)의 서재에서 목격한 마지네일리아를 기억한다. 19세기 후반의 중요한 문인이자 비평가였던 스티븐은 버지니아에게 자신의 서재를 열어줌으로써 지적·문화적 성장에 영향을 준 인물인 동시에 버지니아가 비판하고 넘어서야 할 빅토리아 시대의 가치관을 대표하는 존재이기도 했다.* 국가 차원의 인명사전 편찬 작업을 진행하던 아버지가 누군가의 전기 여백에 "잘난 체하는 멍청이"라고 성가시다는 듯 휘갈겨 쓰는 걸 목격한 버지니아는 1906년 「여백에 쓰기」(Writing in the Margin)

* 아버지가 죽지 않았다면 자신은 작가가 될 수 없었을 거라고 회고할 정도로 어머니의 사망 후 아버지가 딸들에게 바라고 강요한 돌봄이 버지니아를 힘들게 했다.

에서 아버지의 태도와 당시 교육 제도에 대한 양가적 감정의 영향을 표현한다. 버지니아에게 마지네일리아는 저자를 향한 폭력적 행위였으며 "즉흥적이고 익명적인 기질의 표현"이었다. 후에 버지니아가 『아가멤논』을 번역하며 주석으로 자기만의 마지네일리아를 구성할 때 딸 이피게네이아를 제물로 바친 아버지 아가멤논은 누군가의 유령처럼 그의 활자 사이를 맴돌았을 것이다.

버지니아가 남긴 몇 권의 책에는 가벼운 표시나 인물들의 가계도를 정리한 흔적 등이 남아 있긴 하지만 그는 주로 펜과 노트를 곁에 두고 읽었다. 아버지가 남긴 뚜렷한 경멸과 그리스어를 배우며 익힌 교육 관행이 그에게 마지네일리아라는 방식을 인식하게 했다면, 여성 작가이자 독자, 편집자, 비평가로서 그가 서야만 했던 여러 경계들이 마지네일리아의 의미를 확장했다. 『등대로』와 『파도』, 『세월』처럼 그의 후기 작품들에는 서로 다른 형태의 마지네일리아를 상상하거나 작업하는 인물들이 등장한다.* 그들을 통해 버지니아는 마지네일리아를 번역 불가능한 것을 번역하려는 시도로 간주하기도 했다. 그의 마지네일리아는 그의 필체가 담긴 수십 권의 노트로 우리에게 남았다.

여성이 가장자리 여백에 쓰거나 여백을 읽는 일은 그 의미가 단순하지 않다. 여성에게 작동하는 이중 억압은 여

---

* 대표적으로 『등대로』(1927)의 미스터 램지,
『파도』(1931)의 버나드, 『세월』(1937)의 에드워드 파지터가 여백 그대로 두기, 주석 달기, 그리스어 번역 등 서로
다른 여백 쓰기를 체현한다.

백에도 미로를 만든다. 누군가는 그 미로를 탈주해 움직이는 다른 여백을 발견했고,* 때로는 이 책처럼 지연된 시간과 의도된 지면에서만 가능했다. "가장자리에 표식을 남기는 여성의 행위"가 "텍스트와 나란히 그리고 그 옆에 쓰는 방식으로써 텍스트를 따르면서 동시에 전복할 수 있는 행위"일 수 있지만† 그것은 채우고 표기하고 인용하기로 가능해지기보다 거기에 놓였을 수도 있었던 흔적, 인쇄술 이전에 필경사가 구현했던 것과 같은 몸과 문자 사이의 연속성, 전적으로 읽기도 아니고 쓰기도 아닌 관계를 상상하는 것으로 가까워진다. 여백에서 수정하거나 감탄하거나 저항하는 행위는 단순한 독해가 아니라 타자와의 접촉이자 상호 응시이다. 마지네일리아가 여성의 이중 억압과 관계할 때 그것이 유출하는 의미의 독해는 여성적 읽기로 가능해질 것이다. 엘렌 식수가 여성적 글쓰기와 교차적으로 제안한 여성적 읽기는 사실이나 확실성, 단일함을 감수하기를 거부하고 모호성과 질문, 복수(the plural)에 연루되는 일이다.

마지네일리아가 일방적인 한 방향과 하나의 길로 유일한 결론에 도달해야 한다는 임무의 불가능성을 받아들이고 그 임무를 거부하며 적극적으로 그에 저항하는 흔적이라면, 여성적 읽기는 그것을 통해 수많은 별의 모서리에서 어떻게 타자와 관계하고 어떻게 내 언어로 환원

*편지 봉투, 냅킨, 영수증, 찢어진 신문 귀퉁이 등에 글을 쓴 에밀리 디킨슨, 클라리시 리스펙토르, 엘렌 식수 같은 여성 작가가 대표적이다.

†로런 포니에, 『자기이론』, 양효실 외 옮김, 마티, 2025, 230쪽.

하지 않는 언어로 타자에 대해 쓸 것인가 하는 문제와 연동해보려는 시도이다. 그러므로 마지네일리아는 여성적 읽기의 공간으로 열려 있다. 읽기가 쓰기로 쓰기가 다시 읽기가 되는 이 순환적 공간에 타자가 기거한다. 여성 작가/독자들이 시간과 공간을 넘어 서로의 마지네일리아로 존재하는 바로 그 방식으로. 읽기는 타자의 도움으로 나를 드러내는 가장 정직한 실천이다. 읽는 사람은 문장이 늙고 병들고 죽는 과정을 진술할 수 있는 육체의 증인이다. 그걸 모르는 이들만이 무모한 리뷰를 쓴다. 이건 H의 말이다, 이 책 한 구석에 미리 쓰인 마지네일리아다, 읽고 쓰는 여성을 옭아매는 이중 억압이다. 어느 쪽이 더 공포스러울지 모르겠다. 거울이 아예 없는 것과 거울이 너무 많은 것 중에서. 공포와 함께 여기 여백은 충분하다.

당신은 독자이다
당신은 나의 먼 친족이다
나는 당신에게 말을 건다
내가 먼 친족인 것처럼
먼 친족에게 하듯이
오직 누군가의 설명을 통해서만 보고 들리는

당신도 나도

서로에게 보이지 않는다
당신이 내 말을 듣고 있으리라 짐작할 뿐이다.
당신이 나를 들을 수 있기를 바랄 뿐이다.*

친애하는 책장 친족에게, 라고 나는 맨 앞에 썼다. 파열과 마찰의 목소리들에게, 라고. 잠시 개체성을 초월하여, 여백에서, 마지네일리아의 거주자로 우리는 만났다가 헤어진다. ㅊㅊㅊ …

* 보통 「관객 먼 친척」(Audience
Distant Relative)으로 번역되는 테레사
학경 차의 작품 원고 마지막 부분.
'관객'(audience)을 '독자'로,
'친척'(relative)을 '친족'으로
번역했다(Theresa Hak Kyung Cha,
*Exilée and Temps Morts: Selected
Works*, Berkeley: University of
California Press, 2009, p. 19).

1부

언어와 몸

몸은 먼 기억에서 돌아온 언어
음과 울림
시적 협곡에 매달려 견디는 울음
파도에 실린 정물의 궤적
그 몸을 살아
그 몸이 살아

거의 전적으로 갇힌

샬럿 퍼킨스 길먼, 「누런 벽지」

기이하다.
 입원 3일 차, 6인실. 간호간병통합병동에는 상주 보호자가 없다. 색 바랜 꽃 패턴의 커튼만이 여섯 개의 병상을 각각 둘러싸고 있다. 하루에 몇 번씩 담당 간호사들이 커튼 틈새로 번갈아 머리만 내밀었다가 사라졌다. 방금도 머리만 다녀갔다. 마스크 속 입이 어색하게 웃고 있을 것 같은 얼굴이었다. 입원하고 매일 네다섯 줄 겨우 읽다가 잠드는 「누런 벽지」 속 여자도 그런 얼굴일 것 같다.

 입퇴원을 반복하고 있었다. 세계가 병원 안과 밖으로 나뉘었다. 병실 안과 밖, 병상 커튼 안과 밖으로도. 병실에 머물 때는 책 한 권, 문단 하나와의 연결이 요원했다. 대신 인용으로 내게 온 글을 하나둘 모았다. 사포가 남긴 조각의 조각들, 나비 날개의 부서진 흔적 같은 글들이 시작이었을 것이다. 신경 손상으로 각이 커진 감각이 현실의 조각을 집어 한참 들여다보고 내려놓았다. 잘 부서지는 비스킷처럼 떨어지는 것들이 많았다. 커튼 쳐진 병상에서는 인용으로만 존재하는 부스러기 글들이 몸의 명징한 현실이었다. 한두 시간 문장 조각들을 들었다 내려놓기를 반복하다 보면 누런 광기가 커튼을 열고 입장했다. 누군가의 머리 모양으로. 잘 들리지 않는 목소리에서는 벽지 곰팡이 냄새가 났다. 가장 최근에 집어 올린 부스러기는 "죄를 짓지 않고는 빠져나올 방법이 없네"였다. 샬럿 퍼킨스 길먼이 쓴 시의 한 행이었다. 다른 많은 부스러기들이 그랬듯이 그 '죄'와 '방법 없음'에 관한 문장은 다른 아픈 몸이 쓴 편지에 인용되어 내게 왔다. 같은 편지에서 그 몸은 길먼의 「누런 벽지」가 1892년작이라는 걸 알고 있느냐고 물었다.

길먼의 「누런 벽지」가 지구 반대편에서 출간되었을 때 조선은 명백히 금이 가고 있었다. 제국주의 열강들에 이권을 차례차례 뺏기며 2년 후 일어날 동학 농민 운동의 전조가 보이던 시기였다. 저쪽에서는 같은 해 《보그》

가 창간되었다. 동시대성이라는 환상이 퍼지기 전, 지각이 어긋난 단층들처럼 다른 역사에 짓눌리던 여기와 거기. 여성 참정권 운동이 50년 이상 지속되고 있었지만, 철학과 과학의 분리 후 급속히 이루어진 현대 과학과 의학 분야 발전은 여성의 경험을 점점 주변부로 밀어냈다. 독립적인 정신과 사회적 성취 욕구를 지닌 여성들은 제도 내 자기 자리를 갖지 못했다. 그들의 좌절과 박탈감이 어떤 폭발적이고 거대한 흐름으로 나아가는 과정에서 필연적으로 탄생한 「누런 벽지」도 단 한 구절의 인용문, 부스러기로부터 내게 왔다. 20대 초반에 아이를 낳은 지인이 보낸 메일 속 한 문장의 인용으로.

나는 아무것도 아닌 일에 운다. 거의 항상 운다.*

아이를 낳지 않은 나도 그즈음엔 그랬다. 마주 오는 이가 드문 골목과 텅 빈 횡단보도에서, 밀쳐지고 관통당하는 지하철에서, 자꾸 좁아지는 방에서 거의 항상. 몸과 마음이 꿰뚫리고 짜부라지는 이 물리적 감정의 전염성을 의심하면서, "너도?" 물으면 말없이 화장지를 꺼내 흔들어 보이던 친구들과 나에게는 공통적으로 안전한 공간이 없었고 모두 무언가를 쓰고 있었다. 어쩌다 여성이었고, 꼼짝없이 젊었고, 이유를 모른 채 아팠다. 거리는 말할 것도 없고, 텍스트 안에서조차 몸이 조각조각 잘리는

*샬럿 퍼킨스 길먼, 「누런 벽지」,
『허랜드』, 황유진 옮김, 아고라,
2016, 261쪽.

듯했다. 절망의 공간성이 언어에 스며들어 우리가 겨우 낳은 문장들은 잠시 쉴 곳도 없이 연신 자멸했다.

「누런 벽지」의 '나'는 그런 아픈 몸, 아이를 낳은 몸, 언어 잃은 몸인 우리이고 길먼 자신이기도 한 중첩된(어쩌면 잉에보르크 바흐만의 『말리나』 속 말리나, 케이트 쇼팽의 『각성』 속 에드나, 이디스 워튼의 『환락의 집』 속 릴리 바트까지도) 존재였다. 3개월 휴양을 목적으로 고딕풍의 저택을 빌린 부부. 아픈 아내이자 엄마인 '나'는 이성적이고 실용적인 의사 남편에게 의지하고 있다. 모든 지적 활동을 금하는 휴식 요법과 남편의 일방적인 진단에 따라 '나'는 자기 감각을 의심하며 몰래 글을 쓰기 시작한다. 시간이 흐를수록 자기 몸에 대해 생각하는 것조차 남편에게 제지당하자 '나'는 몸을 사유하고 쓰는 대신 집과 방과, 벽지에 몰두하게 된다.

 내 몸 상태에 대해서는 이쯤에서 침묵하고 집에 대해 이야기하겠다(253).

그러나 그 이야기는 집/방에 갇힌 몸에 대한 증언이자, 몸 안에 집/방이 존재하는 방식과 닮은 읽기의 기록이기도 하다. '나'가 집과 방과 벽지를 강박적으로 이미지화할수록 그것들은 "(존과 나처럼) 평범한 사람들이"(251)

경험하는 다분히 보편적인 사회적·심리적 억압 구조로 가시화된다. "식민지 시대에 지어져 대대로 상속"(251) 되어왔다는 초반의 저택 묘사나 "독립기념일"이라는 공적 역사 기록과 가부장제를 병치하는 부분에서는 작가의 의도가 손등의 정맥처럼 유독 선명하게 잡힌다. "나는 사람들을 미치게 하려고 이 소설을 쓴 것이 아니라, 미치도록 만드는 상황으로부터 그들을 구하려 쓴 것이다"*라던 길먼의 말은 투명한 진심이었을 것이다.

"그만 쉬세요. 늦었어요."

담당간호사가 나무라는 말투로 머리맡의 독서등을 껐다. 커튼 무늬가 한쪽으로 쏠리고 겹치고 엇갈렸다. 병실 문이 닫히고 완전히 어두워지길 기다렸다가 나는 스마트폰 손전등을 켰다. 누런 벽지 무늬를 묘사한 부분을 마저 읽었다. 무늬와 무늬가 얽히며 괴기해진 형상들이 돌진하고 곤두박질치고 떨어지는 장면이 아른거렸다. 침대를 둘러싼 커튼 위로 비명을 지르는 누런 무늬들이 영사되었다. 커튼 무늬를 덮는 또 다른 무늬. 혹은 몸에 갇힌 언어 속 언어. 불안과 분노로 이어지는 꿈. 자다 깨다를 몇 번이나 했을까. 곡선들이 자살하듯 엄청난 각도로 모순을 향해 뛰어내리는 장면에서 탁, 병실 불이 켜졌다. 발소리. 화들짝 몸을 일으켰다. 여러 머리가 커튼을 젖히고 돌진했다. 담당의가 말했다.

*Charlotte Perkins Gilman, "Why I Wrote 'The Yellow Wallpaper'," *The Captive Imagination: A Casebook on "The Yellow Wallpaper"*, ed. Catherine Golden, New York: The Feminist Press, 1992, p. 51.

"수치 다 좋아요. 오늘 퇴원하세요."
"여전히 통증이 있는데요, 선생님. 잠도 잘…"
"원래 그래요. 괜찮아요."
원래 그렇다는 말. 증상의 몸이 사라지고 겨우 매달려 있던 언어가 뜨거워진다. 별나고 까다로운 여성 환자가 되고 싶지 않은 내가 웃음을 입꼬리에 달고 머리들을 내보낸다. 그들과 함께 커튼에서도 무언가가 빠져나간다.

이런 걸 왜 글로 쓰고 있는지 모르겠다(263).

가방을 싸야 한다. 퇴원 가방을 꾸릴 때마다 떠오른다. 1932년에 유방암 진단을 받은 길먼은 "암보다는 클로로포름이 낫다"라는 말을 남기고 자살한다. 이런 사실의 진술이 엄살이나 자기 연민으로 비칠까 봐 '나'는 아니 나는 걱정한다. 자기 몸의 병명을 짓고 주의와 지침을 내리며 이 방 안의 현실을 구성할 수 있는 힘이 '나'에게는 아니 나에게도 없다. 단 한 번도 텅 빈 페이지를 받아본 적 없는 여자들이 내 뒤에서 냄새나는 누런 벽지, 벽지 속 비명의 여백을 찾아 겨우 쓴 글을 큰 곤경에 처한 표정으로 들여다보고 있다. 표정들과 함께 책을 덮는다. 진실 앞에서 뒷걸음질치는 언어로, 비유적이면서 동시에 너무 사실적이어서 이중 삼중인 질문들이 떠오른다. 샌드라 길버트와 수전 구바가 『다락방의 미친 여자』에서 제기한 그 질문들. 여성의 작가됨과 여성성, 몸의 정상성을 규정하는 이는 누구인가. 텍스트/집/몸에 감금당하고 규정되는 공포와 무력감을 안고 여성이 쓸 수 있는 것은 무엇인가.

자기 몸을 어찌할 수 없는 최악의 운명으로 인식하게 된 19세기 여성들은 자기가 쓴 글 역시 자신에게 위해가 될 거라는 예감 속에서 자신을 아끼고 사랑해야 한다는 우아한 의무를 저버리고 하나둘 사라져갔다. 1892년 '나'는 네 발로 기며 그들이 돌아올 길, 우회할 길을 냈다. 어떤 여성의 글은 공동의 언어로 쓰이고 상속된다. 그리하여 이제 커튼을 젖히고 떠나려는 한 여자가 다시 글을 쓰고자 할 때는 「누런 벽지」의 찢긴 텍스트에 남은 여백의 흔적, 이 자국과 균열을 드러내는 '나'로 돌아갈 것이다.

네 발로 머물던 침대 위에서 내려온다. 두 발이 된다. 불안은 부족하지 않다.

평소의 그것과는 완전히 다른 영원

클라리시 리스펙토르, 『별의 시간』

> [리스펙토르와 엘렌 식수가] 너무 가까워서,
> 리스펙토르가 죽기 직전 쓴 마지막 작품 『별의
> 시간』을 이해하기 위해 리스펙토르의 다른
> 작품을 재독하는 과정에서 엘렌 식수는 자신의
> 여러 작품들까지 다시 읽고 다시 쓰게 된다.
> ─수전 술레이만, 「경계 너머를 쓰기,
> 혹은 H.C.에 따른 수난」

흑백 사진 한 장이 시작이었다. 1966년 목숨을 잃을 뻔한 화재 사고의 흔적이 남은 손으로 담배를 쥐고, 정면을 응시하고 있는 여자의 단단하게 공허한 얼굴. 그때 타고 남은 자신의 재를 어쩔 수 없이 데리고 다니는 피로함이 묻은 표정이 아니냐고 마침 옆에 있던 H에게 묻자 그는 말없이 자기 등에 남은 화상 흔적을 내 쪽으로 보였다. 나는 종아리에 있어. 바지 끝을 올렸다가 내리는 짧은 순간에 화상 흔적이 잠깐 뜨거워졌다가 식었다. 의사는 가짜 감각이라고 했지만 이렇게 선명한 게 가짜라면 믿을 수 있는 건 가짜뿐이다. 여자의 손과 H의 등과 내 종아리의 화상 영토들은 그것들이 기거하는 몸과는 다른 시간대를 사는 선명한 가짜다. 재생되지 않는 영토. 믿을 수 있는 건 그 죽음의 영토이다. 클라리시 리스펙토르가 내 삶에 등장한 날 나는 그렇게 적어두었다.

우크라이나 대학살을 피해 도피한 유대인 난민의 세 딸 중 막내, 일찍 어머니를 잃고 죄책감을 낳은 딸, 법학 학위를 가진 소수 엘리트 여성, 데뷔작 발표 즉시 "허리케인 클라리시"로 주목받은 작가, 데뷔 후 곧장 브라질을 떠나 15년간 유럽 전역과 미국 등으로 이주한 외교관의 세속적인 아내, 두 아들의 어머니, 가톨릭의 영향을 강하게 받은 유대인, 신비주의자, 외국인이자 이방인, 당시 브라질에서 불법이었던 이혼을 감행하고 과거에 덴, 너무 뜨거워서 차가워진 죽음의 영토를 가지게 된 사람… 리스펙토르가 전 생애에 걸쳐 넘고 지우고 재창조한 경계들로 몇 개의 별을 그릴 수도 있을 것 같다. 벤저민 모저(Benjamin Moser)가 쓴 그의 전기 곳곳에는 그가 삶에서 투과한 절박한 질문들이 놓여 있다. 그의 작품 속

외부로 향한 독백, 끈질긴 천착, 징그러운 직시와 놀라울 정도로 닮은 질문들이.

한국 독자에게는 그의 마지막 작품이 제일 먼저 닿았다. 1977년 그가 사망한 해에 출간된 『별의 시간』이 30년 뒤인 2007년 『나에 관한 너의 이야기』라는 제목으로 처음 소개되었다. 곧 절판되었다가 2023년 『별의 시간』으로 재출간된 그의 유작은 그가 사망 후 얻게 된 대중적 인기에 적지 않은 영향을 미쳤다고 전해진다. 데뷔작 『야생의 심장 가까이』를 비롯해 그가 남긴 다른 일곱 편의 장편*과는 구조나 화자, 주요 인물의 배경 등이 상이하고 파라텍스트가 본문과 맺는 관계 역시 흥미로운 작품이다. 너무 가난해서 핫도그만 먹던 한 소녀의 이야기이자 짓밟힌 천진함과 익명의 불행에 관한 이야기라고 리스펙토르가 직접 소개한 문턱을 폴짝 넘어서, 끝을 모르고 끝이 된 세계로 진입하기 전에 우리는 독특한 「저자 헌사」를 마주하게 된다.

    가난했지만 "매사에 절도와 위엄이 있었"†던 과거를 기억하며, 리스펙토르의 "내면의 어떤 영역에 먼저 도달했던"(8) 모든 음악가의 영혼에 헌정하는 문장들은 천연색 교향곡처럼 아름답다. 작품의 끝까지 도달한 후 다시 맨 처음 그 헌사로 돌아오면 "나는 그저 나만으로 존재하는 걸 견딜 수 없으므로, 나는 살기 위해 타인들

† 클라리시 리스펙토르, 『별의 시간』, 민승남 옮김, 을유문화사, 2023, 7쪽.

* 이외에도 리스펙토르의 미완성 유작이 사후에 『삶의 숨결』(*Um Sopro de Vida*)로 발표되었다. 이를 더하면 그의 이름으로 출간된 장편 소설은 총 아홉 편이다. [편집자 주]

을 필요로 하므로, 나는 바보이므로, 나는 완전히 비뚤어진 자이므로"(8) 이렇게 쓸 수밖에 없었다는 리스펙토르의 고백이 기다리고 있다. 그의 말처럼 진실은 입증할 수 없으므로 나는 다만 "울면서 믿"(9)을 뿐이다.

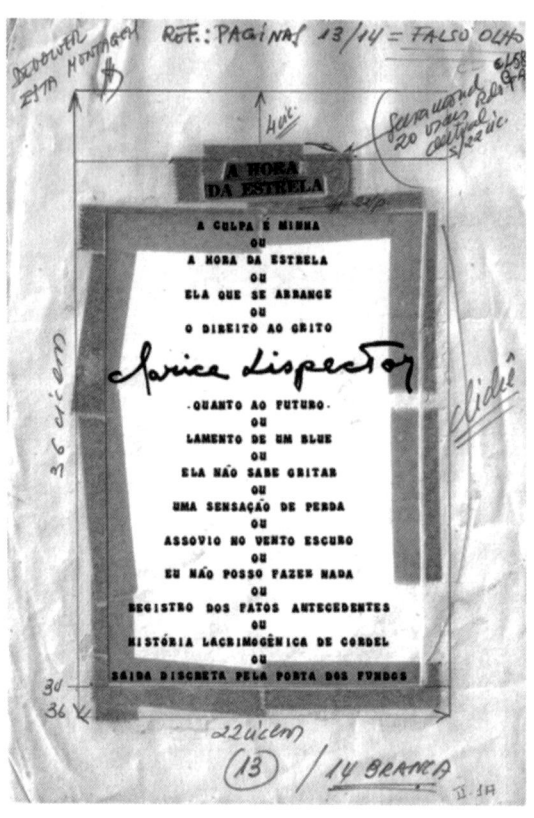

리스펙토르가 작성했음을 새삼 강조한 헌사 뒤로 최초의 TV 인터뷰에서 언급했던 열세 가지 제목 후보가 등장한다.* 책을 세 번쯤 읽으면 그것들을 작품의 어떤 지점에 소제목처럼 놓고 싶은 유혹이 생긴다. 열세 개의 제목들이 서로 연쇄 반응을 일으키도록 놔두어도 좋고 이후 신비로운 장면의 열쇠로 사용할 수도 있다. 그를 유럽에 소개하고 지극한 애정을 표현해온 엘렌 식수는 이 제목들의 나열에서 코르데우(cordel, 줄, 현 등을 의미) 문학 전통을 발견한다. 브라질 북동부 노점상이나 재래시장에서 생산 및 판매되는 소책자로 민속 소설, 시, 노래 등의 구전 문학을 잠재 고객에게 보여주기 위해 줄에 매달아 진열한다고 해서 붙여진 이름이다. 현악기 문학이라고도 하는데, 그 명명만으로 「저자 헌사」에 등장한 음악가들이 자연스럽게 부재의 리듬에 동참한다.

온 세상이 '그래'로 시작되었다. 한 분자가 다른 분자에게 '그래'라고 말했고 생명이 탄생했다(17).

마침내 분문으로 진입하자 하이든이 작곡한 오라토리오 '천지창조'가 울려 퍼져도 이상할 게 없는 순간, 작가가 한 세계를 창조하는 그 순간이 막 시작된다. 화자는 호드리구 S. M., 엘렌 식수에 의하면 너무 남성적이어서 여성적인 남성 작가이다. 주인공 마카베아는 북동부에서 열세 가지 제목 후보와 그 열세 줄 사이사이에 넣은 '혹은'을 뜻하는 단어 "OU"가 가운데 정렬로 제시되고, 네 번째 제목 후보인 "비명을 지를 권리"(O DIREITO AO GRITO) 다음 줄에 리스펙토르의 굵은 서명이 위치한다. 그곳은 "OU"(혹은)의 자리이기도 하다. 즉, 위치상 클라리시 리스펙토르는 '비명' 그 자체가 될 수도 있고 '또는', '혹은'의 의미로 대체될 수도 있다.

* 한국어판 『별의 시간』에서는 제목 하나와 "혹은"이라는 단어를 같은 줄에 넣어 열세 가지 제목 후보를 왼쪽 정렬로 배치하고, 클라리시 리스펙토르의 서명을 제목들과 동떨어진 맨 아래에 위치시킨 것과 달리, 영문판과 포르투갈어 초판본에서는

온 가난하고 무지한 소녀로 묘사된다. 리스펙토르는 자신이 자란 "북동부 출신 여자의 얼굴에서 파멸의 느낌을 얼핏 엿보았"고, 어린 시절로 귀환하듯 그 소녀를 이 "지어낸 것이긴 해도 진실"한 이야기의 화자를 통해 대면한다(19). 자신이 마카베아가 되지 않는 게 비겁한 도피인 것 같았다는 그는 제목 후보에도 썼듯이 모종의 죄책감을 느꼈다고 밝혔다(첫 번째 제목 후보가 "전부 내 탓이다"라는 걸 기억하자). 마카베아가 되기 위해서 혹은, "그녀가 해결하게 하"*기 위해 리스펙토르가 선택한 방식은 자신에게 또 다른 타자인 남성 작가를 마카베아와 자기 사이에 두는 것이었을까. 신의 놀이에 열심이던 남성 작가이자 화자가 실은 리스펙토르가 설정한 하나의 장치일 수 있다는 전제는 뜻밖의 효과를 낳는다.

마카베아가 너무 작고 비참하고 쓸모없다는 호드리구의 묘사나, 작가인 자신만이 그녀를 사랑할 수 있다는 고백이 마카베아와 독자에게 끼치는 영향이 점차 희박해지는 것도 기이한 효과 중 하나이다. 남성 작가의 시선과 판단을 유보한 독자에게 마카베아는 가식이 없고, 작은 것들을 놓치지 않고, 불행하지 않으며, 동등하게 사랑스럽다. 호드리구의 어떤 규정에도 종속되지 않는 마카베아. 그녀를 창조한 작가의 서술은 점점 힘을 잃는다. 필요할 때 텍스트를 중단하고 명상에 빠져들며 어

---

* Hélène Cixous, *Reading with Clarice Lispector*, Minneapolis: University of Minnesota Press, 1990, p.157.

떤 한계를 자각하고 별의 무수한 각도로 자아와 타자를 연결하는 리스펙토르의 쓰기는 『별의 시간』에서 '폭발' 한다. 알지 못함이 삶에서 중요한 부분을 차지하는 여자, 믿음이 있는 여자, 뭘 위해 싸워야 하는지 몰라 아무런 싸움도 할 수 없는 여자, "침묵에 헤어짐이라는 의미가 담겨 있을까 봐"(73) 두려운 여자, 볼트와 못을 좋아하는 여자, "자신의 이해력이 떨어진다는 사실을 감추기 위해 호기심이 무척 강한 것처럼 굴었"(75)던 여자, 욕망이 무엇인지 자신이 안다는 걸 모르던 여자, 자신에 관한 걸 잊어버리는 습관이 있던 여자, 창조를 두려워하던 여자, 자신이 좋아하는 음악을 유일한 떨림으로 가졌던 여자, 진정한 말을 사용한 적이 없음을 어렴풋이 알고 있던 여자, 사랑을 '나는-뭔지-모르겠는-것'이라고 불렀던 여자, "자신의 역할을 잘 아는 주인공처럼"(47) 죽을 그 여자, 마카베아에 의해서.

나의 마카에 관한 진실은 과연 무엇이었을까? 진실은 발견하기 무섭게 사라져버린다: 그 순간은 지나갔다. 나는 묻는다: 그건 무엇이었을까? 응답: 그건 '아니'다 (146).

후반부로 갈수록 호드리구의 서술 자리에 리스펙토르의 강한 목소리가 틈입하는 순간이 잦아진다. 그는 조금씩 텍스트 밑으로 내려간다. 마카베아가 점집에서 나와 돌연한 일에 맞닥뜨린 이후부터는 호드리구를 대신해 리스펙토르가 마카베아에게 삶의 선고를 내리는 것처럼 읽힌다. 그러니까 그 순간들, 아직 오지 않은 것과 이미 있는 것 사이의 공간에 머물러 있다가 홀연히 나타난 것처럼, 망자에게 죽음이 아니라 삶을 건네기 위해 리스펙토르는 마카베아를 태아처럼 웅크리게 한다. "자신의 가장 깊고 어두운 핵심까지 내려"(144)간 마카베아와 리스펙토르가 죽음이라는 사태의 본질과 본질로 닿는다. 엘렌 식수가 『별의 시간』에 리스펙토르의 죽음이 예언되어 있다고 한 이유를 알 것 같다. 그는 쉰일곱 번째 생일을 하루 앞두고 사망했다. 그의 기일과 생일 사이에 하루가 있다. 그는 죽고 다음 날 다시 태어난다. 마치 출생이 사후 효과인 것처럼.

사망하기 전까지 그가 작품에서 성공하는 몇 번의 죽음과 그것으로부터 얻은 몇 번의 영원을 유작 『별의 시간』에서 가장 눈부신 빛으로 남겼다는 건 우연치고는 절묘하다. 스피노자를 적극적으로 인용했던 첫 소설 『야생의 심장 가까이』에서 삶의 순환(문)을 반복해서 열고 닫았던 그는 이 거대한 연민의 텍스트에서는 정지된 진실과 문장에 움직임을 부여해 순환의 무한으로, 스스로 별의 길을 만들어 떠난다. 철학적 언어로는 표현할 수 없는 철학, 이야기의 틀에는 담을 수 없는 이야기의 전문가가 '그래'로 시작해 '아니'로, 수많은 과거와 미래로, 천각형의 자아-타자로 영영.

다시 '또는'이거나 비명인 리스펙토르가 돌아오는 계절이다. 그는 늘 다른 여자들과 함께 온다. 텍스트의 손끝이 연주하는 음악에 맞춰 흘러온다. 사소하고 평범한 것에서 삶과 죽음의 마법적 차원을 발견하던 그가 『별의 시간』을 집필하고 있던 시기 한 작가와 마주친 일화가 떠오른다. 작가를 편의상 H라고 하자. H가 길을 걷다가 상점 쇼윈도 앞에 멈춰 서 있는 리스펙토르를 알아보는 것으로 짧은 이야기가 시작된다. 먼저 인사를 건네자 등을 보이고 서 있던 리스펙토르가 천천히 그를 향해 돌아섰다. 그 순간 리스펙토르가 보고 있던 쇼윈도 풍경이 드러나면서 H는 공포를 느꼈다. 쇼윈도 안에는 아무것도 걸치지 않은 빈 몸의 마네킹이 서 있었다. 무언가의 사후 효과를 지켜보듯이, 의미가 천천히 침전하는 걸 기다리듯이 리스펙토르가 마네킹을 바라보며 서 있는 장면이 사진처럼 남았다. 꽉 들어찬 빔과 공허를 향한 그의 사랑을 우리는 삶의 다른 순간에 그러니까 어떤 별의 시간에 빈 몸의 마네킹이 되어 한 번쯤 느끼게 될지 모른다.

맙소사 방금 기억났다. 우리는 죽을 것이다. 하지만—
하지만 나도?!(148)

물고기 여자의 언어

다와다 요코, 『목욕탕』

> 나는 내 언어 안에서 불행하다. […] 단어들은 병들고 아프다. […] 흔히 외국에서는 모국어를 잃어버린다고 말한다. 자기 나라에서도 모국어를 잃을 수 있을까?
> ─에미네 세브기 외즈다마르, 『기이한 별들이 지구를 주시하네』

꿈은 꿈꾸는 사람을 소유하는 동시에 그에게 귀속된다. 분리와 화합이 쉼 없이 이루어지는 물처럼 경계가 투명하다. 물을 꿈이라고, 꿈을 물이라고 잘못 말한 지 오래되었다. 무수한 잘못 중 가장 잘 흘러가 다른 잘못과 곧잘 섞이는 그런 잘못이다. 꿈에 너무 다가가지 마. 물이

겠지. 친구는 물 쪽으로 몇 걸음 더 나아가며 말했다. 이해할 수 없는 것들을 외면해 얻은 평화를 뭐 귀한 거라고 그렇게 꼭 쥐고 덜덜 떨며 살았는지 몰라. 친구는 몇 달 사이 말이 느려졌고, 두세 마디에 한 번씩 더듬기도 했다. 물 앞에서 그런 말을 하는 건 좀 위험하지 않나, 생각하면서 평화를 잃은 듯한 친구의 손을 잡았다. 나도 모르게 손에 힘을 줬는지 친구가 웃었다.

왜, 내가 물에 뛰어들기라도 할까 봐?

물가에 오래 살면 이상해진다고, 평생 섬에서 산 노인이 말한 적이 있어.

그게 무슨 말이야?

경계 없는 것들 가까이 있으면 네가 경계가 된다고.

『목욕탕』도 꿈으로 아니, 물로 시작된다. 인간 몸의 80퍼센트가 물로 이루어져 있다는 서술은 주체의 변화와 변신이 이루어지는 이유이자 그 유동성의 아가미가 된다. 후반부로 가면 그 자리에 70퍼센트가 물로 이루어진 지구가 놓이며 돌연 세계가 출렁거린다. 첫 장에서 거울 속 얼굴과 사진의 얼굴을 비교해 그 차이를 사진에 맞춰 화장으로 메우는 화자 '나'에게 일어난 파문이 세계로 확장되는 셈이다. 지우고, 씻어내고, 벗겨냄을 의미하는 독일어 동사들이 1장에 정박해 있다. 정체성이 경계 짓기라면, 타자와의 관계는 경계 넘기로 이루어진다. 경계를 지우는 것이나 흔드는 것 역시 넘기의 일환이 될 수 있다. 혹은 『용의자의 야간열차』, 『헌등사』, 『글자를 옮기는 사람』 등에서 다와다 요코가 시도하는, 경계의 이분법을 무화하여 접경지대의 정체성을 구성하는 방식으로 타자를 끌어들일 수도 있을 것이다. 너비와 높이만의 세계인 이차원의 경계를 양쪽으로 밀어 빈 공간을 만들고 거기에 물을 부어 깊이를 더하는 방식. 목욕탕, 욕조처럼.

사람들은 손을 뻗어 어디에서 이 세계가 끝나는지를 느낀다. 거기가 내 피부다. 피부는 이 세계를 저 세계와 떼어놓는 막이다.*

피부가 인간 몸의 경계라면, 물고기의 피부인 비늘 역시 경계이다. 비늘을 갖게 된 '나'는 다른 존재의 경계이자 끝에서 타자성의 사유를 담지한 듯 보이지만 그것을 부드럽게 만들거나 벗겨내려 함으로써 얼마간 외면과 회피를 이어간다. 한국을 떠난 지 벌써 25년이 넘었다는 친구의 비늘이 물 가까이에서 유독 반짝였으므로 나는 거듭 너무 오래 들여다보지 말라고 주의를 준 후 『목욕탕』 이야기를 했다. '나'가 모델이었다가 통역사였다가 타이피스트가 되는 것처럼 친구는 학생이었다가 악기였다가 요리사가 되었다. '나'가 일본 전설 속 물고기 여자와 불

---

* 다와다 요코, 『목욕탕』, 최윤영 옮김, 책읽는수요일, 2023, 99쪽.

에 타 죽은 여자와 일본의 엄마와 포개졌다가 분리되어 비늘 있는 여자가 되는 것과 마찬가지로, 친구 역시 성공 신화 속 한 아티스트와 집에서 보이는 묘지에 묻힌 죽은 여자들과 우울증으로 말을 했다가 못 했다가 하는 자신의 상황에 아랑곳없이 매일 전화를 하는 엄마와 겹쳐졌다가 분열되며 비늘을 얻게 되었다. 화분에 심은 대파 한 줄기의 초록 부분을 싹둑 잘라 쓰고 돌아서기 무섭게 새 초록이 올라오는 속도가 어쩐지 섬뜩해진 날, 친구는 전화를 걸어와 좀 와줄 수 있냐고 물었다. 마치 내 옆집에 사는 사람처럼. 나는 그러겠다고 했다. 꼭 그의 옆집 사람처럼. 급히 몇몇에게 돈을 빌렸고 모자란 건 현금 서비스를 받았다. 여유 없는 친구들의 10만 원, 20만 원이 순식간에 모인 건 멀리 있는 그의 위태로움이 그들에게도 찰랑찰랑 전해졌기 때문이었다. 그가 임종을 지키지 못한 엄마의 장례식을 마치고 돌아간 지 한 달쯤 지났을 것이다. 처음부터 죽음에 대한 암시가 적지 않은 『목욕탕』이 떠오른 건 낯선 공항에서였고, 나는 거기서부터 말을 더듬기 시작했다. 검은 머리카락을 더 검게 염색하길 바라는 시선들이 거기 있었다. 마중 나온 친구가 내 손을 쓰다듬었다. "나를 쓰다듬은 자리에 반짝거리는 비늘이 돋아났다"(65).

처음 일본어로 쓰였지만 독일어로 먼저 출간된 『목욕

탕』의 일본어 제목은 'うろこもち'(비늘 가진 사람)이다. 비늘을 의미하는 'うろこ'는 비듬, 때라는 뜻으로도 쓰이는데 이는 독일어 'Schuppen'도 마찬가지이다. 비늘, 비듬, 때, 우유, 엄마, 화상 자국, 재, 죽음… 쥘리아 크리스테바가 개념화한 '비체'(abject)를 떠올리지 않기가 어려울 만큼 무수한 비체와 비체화(abjection)가 선명한 『목욕탕』의 초기 판본은 지금과 퍽 달랐다. 1990년대 독일어판의 경우 재생한 것 같은 종이에 인쇄된 희미한 사진 위에 본문 텍스트가 놓였다. 여성의 몸 사진이었다. 서른 명의 여성 사진이 두 번씩 쓰이며 총 60페이지로 구성된 책의 매 페이지마다 사진 속 여성의 몸을 텍스트가 반투명하게 덮고 있다. 양피지에 기록된 것을 긁어내거나 씻어낸 후 그 위에 덮어쓰기 한 사본, 팰림프세스트(palimpsest)처럼. 여성의 글쓰기를 그와 같은 양피지적 글쓰기로 비유한 『다락방의 미친 여자』까지 떠밀려 가다 보니 문득 떠올랐다. 나는 수영을 못 한다. 물 위의 우리 상반신이, 물 밑 제물로 바쳐진 여자들의 그것과 겹쳐졌다. 모든 물에는 죽은 여자들의 이야기가 녹아 있다. 나는 친구의 팔을 당기며 뒤로 몇 발자국 물러났다. 그래서? 너는 무엇의 경계가 되었어?

다시 깨어나면 나는 속편을 이어 썼다. 사람들은 나머지 인생 동안 내가 내 혀를 그 여자에게 선사했다고도 말할 수 있다. 밤마다 나는 그녀의 목소리를 신경 써서 듣고 그 말을 받아 적기 때문이다(90).

티치노강이라고 했다. 스위스 남부를 거쳐 이탈리아 북부까지 길게 흐르는 이 물의 이름이. 강의 일부는 스위스, 나머지는 이탈리아 소유라는 말을 들었을 때 피식 웃음이 났다. 물을 어떻게 나눠 가진다는 걸까. 그러다 문득 "진실은 문화와 문화 사이에 있다. 인간과 인간 사이, 단어와 단어 사이에 있다"라는 다와다 요코의 말이 떠올랐다. 어떤 이론이나 언어로 포착할 수 없는, 사이 공간의 심상에서만 발견되는 진실에 천착한 작가로서 다와다 요코는 클라리시 리스펙토르(특히 『야생의 심장 가까이』)와 엘렌 식수, 테레사 학경 차 등이 관계하고 공생하는 숲의 일부다. 그들은 시적이고 윤리적인 관계 안에서 서로를 반영하며 있다. 숲 바깥을 사유하며 있다. 엑소포니(exophony)*의 자매들처럼.

『목욕탕』에도 그런 진실이 있다. 독일어판 제목 'Das Bad'는 목욕탕 외에도 목욕하는 행위와 목욕물을 의미하며, 일본어판 제목은 비늘 가진 사람이라는 행위자를 떠올리게 한다는 점에서 2010년 출간된 독-일 이중어판은 연결과 분리의 동시성을 전달하기에 충분히 효과적이다. 세로로 흐르는 일본어와 가로로 흐르는 독일어가 서

*다와다 요코는 한 인터뷰에서 엑소포니를 모국어 밖으로 유랑하는 상태라고 설명한다. 그에게 엑소포니는 모국어를 '잃는' 부정적인 의미가 아니라 새로운 언어와 만나는 가능성으로서의 유랑이다.

로를 밀어내거나 당기는 상상만으로도 서로 다른 해수가 섞이는 혼합역(mixing zone)에서 방향을 잃고 출렁거리는 기분이다. 접경지대의 언어들 대부분이 그런 격동 후 윤활성을 갖는다. 티치노 강변에서 '나'처럼 타자에게 혀를 맡기고 싶었던 잠깐의 시간. 그러면 언어가 사라지자 죽은 여자와 접촉할 수 있게 되는 '나'처럼 친구와 닿을 수 있을까 하는데, 친구가 오래 참았다 싶은 울음을 터뜨렸다. 엄마⋯ 라는 말도 사라진 것 같아. 마치 단한 번도 흐른 적 없었던 것처럼 꿈틀꿈틀 힘겹게 요란한 소리를 내며 허물어지는 시간과 물, 몸이라는 경계들. 삶과 죽음의 경계들. 친구의 몸을 빌려 내가 울고 있는 건 아닌가, 하고 나는 나를 잠시 언어 없이 두었다. 연신 무슨 말인가 하려다 마는 그의 입 모양이 물고기처럼 뻐끔거렸다.

친구의 비늘을 오래 쓰다듬고 돌아와 『목욕탕』을 사러 갔다. 절판이었다. 내 것이라도 보내줄까 했지만 그는 나중에, 나중에 하고 꼬리를 흔들며 헤엄쳐 멀어졌다. 목욕물이 데워지고 식는 날들이 잘도 지나갔다. 잘 지나가지 못하는 날들도 있었다. 물고기의 떼죽음을 본 그런 날. 호주 뉴사우스웨일스주 메닌디 마을 인근에 있는 달링-바카강이 물고기 사체로 뒤덮였다. 뉴스 속 이미지가 무참하게 방 안으로 뛰어들고 나는 반사적으로 눈을 감았지만 잔상이 오래 남았다. 뒤집힌 배와 축 늘어진 꼬리들이 물을 다 덮은 것도 모자라 겹겹 쌓여 있는 무덤. 극심한 홍수 이후 연일 40도가 넘는 폭염이 이어진 게 원인이라고 했다. 폭염은 사체의 부패를 가속하기도 할 터였다. 화면 밖으로 악취가 새어 나왔다. 한때 살아 있던 것들은 모두 다른 냄새로 썩어간다. 어째서인지 나는 물고기 썩는 냄새를 잘 알고 있었다. 달링-바카강의 물을 공급받는 주민들은 강의 악취와 오염 문제를 심각하게 받아들이고 있다고 했다. 그럼 물고기 수백만 마리의 죽음은 얼마나 심각하게 받아들여야 하는 걸까. 친구에게 모처럼 긴 메일을 썼다. '지친다'와 '모르겠다'가 여러 번 쓰였다. 그날 밤 배가 뒤집혀 죽어가는 물고기 여자가 둘로, 다시 셋으로 점점 늘어나면서 강을 완전히 뒤덮는 꿈을 꿨다. 강은 투명한 관이었다.

그러나 죽는 날짜로 시작하는 이력서도 있어야 한다 (101).

몇 년이 지나서야 재출간된 『목욕탕』을 친구에게 보내줄 수 있었다. 책 속에서 흐르는 자아처럼 책의 꼴도 계속 변하고 있다. 친구는 특히 "죽는 날짜로 시작하는 이력서" 부분이 좋았다고 했다. 책의 처음으로 돌아가게 하는 주문 같다면서. 내가 놓친 문장이었다. 어떤 차이는 동일성보다 미덥다. 너와의 관계를 이미 담지하고 있는 "2인칭 나"*는 그 차이에 의지해 관계와 공생을 말할 수 있다. 그러나 타자를 안으려고 나를 비우는 순간의 언어는 유려할 수 없다는 것. 부정확하게 더듬거린다. 겨우 묻고 답한다. 저기, 보여? 보여. 오래전 티치노 강변, 우리 왼쪽에서 오른쪽으로 나아가던 노란색 물고기가 돌연 방향을 틀어 우리를 향해 날아왔다. 비늘인지 깃털인지 알 수 없는 무언가가 후두두 떨어졌다. 그러고 보니 새를 재라고 말한 지도 오래되었다. 재, 라고 발음하고 새를 떠올린다. 모든 곳에서 오는 목소리, 죽은 엄마가 가져간 엄마 말들 같은 그것을.

* 다와다 요코, 『영혼 없는 작가』,
　최윤영 옮김, 을유문화사, 2011, 7쪽.

바다가 검다는 거짓말

마르그리트 뒤라스, 『죽음의 병』

> 그녀의 텍스트는 이를 위해서, 다시 말해
> 흘러가버리기 위해, 그리고 고정되지 않기 위해
> 만들어진 것이 아닐까? 그녀가 만든 인물들이
> 언제나 그들 자신 밖으로 비워져버리는 것처럼.*
> —엘렌 식수

하루 중 가장 밝은 시간이었다. 볕이 단연히 조각나던 길에서 두 사람이 만났다. 한 사람에게는 사랑이, 다른 한 사람에게는 죽음이 있다. 둘은 오늘 헤어진다. 그러자고 만난 길에서 둘은 볕 조각 여기저기에 찔리며 말없이 서 있다.

* Michel Foucault, Hélène Cixous, "A propos de Marguerite Duras," *Cahiers Renaud-Barrault* n° 89, octobre 1975, pp. 8-9.

사과나무의 사과가 익고, 호수의 물이 미지근하게 오리 한 마리를 밀었다 당겼다 하던 날 처음 만나, 늘 다니던 도서관이 문을 닫고 둘 중 하나가 도서관 마당의 깨끗한 눈밭에 생애 처음 몸 자국을 남겨봐야지 결심한 날 헤어진다. 사랑과 죽음의 손을 잡았다가 놓는 둘 사이에 책 한 권이 남았다. 마르그리트 뒤라스의 『죽음의 병』. 도서관에서 마지막으로 함께 빌린 책이었다. 영어와 프랑스어로 병기된 책을 한 사람은 영어로, 다른 사람은 프랑스어로 읽었다. 사랑은 프랑스 특산품이니까, 하는 농담에 하지만 "죽음은 독일에서 온 명인"이라고 파울 첼란을 인용한 건 영어가 모국어가 아닌 이의 소심한 투정이었을 것이다. 타국에서 말을 '당하는' 존재가 된 이에게 어떤 세계는 모호함으로 지켜진다. 『죽음의 병』이 내게는 그런 세계였다.

　　여자가 묻는다: 무얼 시도하려는 건가요?
　　당신이 말한다: 사랑하기.*

*마르그리트 뒤라스, 『죽음의 병』, 조재룡 옮김, 난다, 2022, 6-7쪽.

한국어 번역본을 마주하고 한 세계가 닫혔다는 걸 알았다. 그건 괜찮았다. 모호함을 계속 모호하게 둘 여력이 없다는 게 좀 슬펐을 뿐 여전히 『죽음의 병』이 나를 끌어 앉혀놓는 자리가 있었다. 곤란한 면이 없진 않는데, 뒤라스와 그의 애인 얀의 자전적 서사와 작품 속 두 사람의 이야기, 그리고 나의 경험이 자주 오버레이되었다. 어느 날은 사라짐에 맞서려고 작정한 사람처럼 그것들을 하나하나 분리하는 데 집착했다. 그러니까 이 작품에 관해 이야기한다는 건 포개지기와 분리하기를 반복하는 일이다.

사랑이 끝나려면 우선 시작되어야 한다. 침묵을 위해 말이 있어야 하듯이. 삶 이전에도 무(無)가, 죽음이 있었다. 최초의 죽음을 흉내 내는 일. 그게 사랑일지도 모른다고 말한 건 누구였을까. 주인 없는 떠돌이 개 같은 말들이 떠오를 때마다 위에 불이 켜졌다. 성체는 씹어 먹으면 안 돼. 일곱 살. 밀떡이 부서지는 소리가 좋다고 말했다가 꾸지람을 듣는다. 주의 몸. 처음으로 다른 이의 몸을 생각하며 잠들었다가 깼더니 너무 늙어 있었다. 내 몸은 내가 가장 떠나고 싶어 하는 집이었다. 그러나 누군가에게는 온전히 취하고 싶은 무덤. 그 안에서 죽고 싶은 몸. 내가 알던 몸이 더는 모르는 몸이 되어 나와 헤어진다. 죽음 직전까지 간다. 뒤라스도 그랬다던가.

 알코올 중독과 건강 악화로 죽음 직전까지 갔었죠.
 그의 연인, 얀이 뒤라스를 받아쓴다. 얀이 조각하는 뒤라스의 말과 몸, 욕망은 미끄럽다. 벌거벗은 물 같다. 1980년 7월 어느 날의 오전, 뒤라스와 얀의 사랑이 시작되었던 그때처럼 누군가는 멀리서 찾아오고 누군가는 망설이더라도 끝내 문을 연다. "여름과 함께 세상이 시작"*되었다고 얀이 두 사람의 창세기를 회고한다. 새로운 세계가 도래했으므로 뒤라스는 쓰고 마신다. 뒤라스의 몸에 점점 더 많은 양의 술이 흐르고 중독 증세가 두드러지며 손이 떨리고 두려움에 휩싸인다. 1982년 입원을 권고받은 뒤라스는 한동안 고집스럽게 글쓰기에만 몰두한다. 종이에 "사랑이라는 낱말이 쓰"†이고, 아직 휘청거리는 문장들이 『죽음의 병』이라는 이름을 갖게 된 후에야 그는 병원에 들어간다. 중독 치료 병실에서 얀과 뒤라스는 작품의 인물들과 겹치고 빗나가는 순간을 겪는다. '당신'과 '여자'처럼 둘뿐이었다. 둘뿐이라는 말의 양쪽에는 각각 은폐성과 밀실성이 기둥처럼 서 있다. 여자 곁에서 당신이 울고, 잠이 들고, 받아 적는다, 여자를. 글과 삶의 경계, 삶과 죽음의 경계가 흐려졌다가 뚜렷해지면서 결여의 공간이 생긴다. 뒤라스는 아무도 만나려 하지 않았다. 그 결여의 공간에서 오직 얀과 함께였다. 다시 쓰고, 다시 살았다.

*이용숙,『마르그리트 뒤라스』, 정우사, 1997, 206쪽.

†같은 책, 207쪽.

『죽음의 병』은 읽는 동안 강렬한 인상을 남기지만 기억에서 불러내려 하면 모든 문장이 달아난다. 뒤라스의 글을 좀 알아, 라고 생각하는 순간 즉시 포착할 수 없는 이미지들이 분분해진다. '뒤라스 효과'라는 것이 있는 것 같다고, 엘렌 식수가 쓰고 미셸 푸코가 동의한 적이 있다. 둘의 대화 사이사이 무언가가 흐르다가 비워졌다. 간직하려는 비워짐이다. 흘러가버리려고, 고정되지 않으려고 뒤라스가 마련해놓은 것들을 보물찾기하듯 표시해두었다고 하자, 헤어질 사람이 책을 가지고 가겠다고 했다. 그는 뒤라스를 좋아하지 않았고, 책 속의 여자를 이해하지 못했다. 내가 지적하자 그래서 갖고 싶다고 했다. 책의 여백마다 한글로 적어둔 메모들이 있다고 하자 그는 또 "그래서…"라고 답했다. 만나는 동안 한 번도 싸우지 않은 둘이 『죽음의 병』의 소유권을 두고 (문 닫은 도서관 소유의 책인 걸 둘 다 까맣게 잊고) 마지막 날 미간을 찌푸리고 얼굴을 붉혔다. 식수가 말한 의미와는 조금 다른 뒤라스 효과였다. 스스로도 알 수 없고, 설명할 수 없고, 서로에게 알아낼 수도 없는 감정에 사로잡혀서 둘은 한참 그냥 있었다. 그러다가 하나가 울기 시작했다. 아직 울지 않는 사람이 그 문장을 떠올리게 되리라는 걸 알면서도 어쩔 수 없다는 듯이.

> 당신은 운다. 여자가 당신에게 말한다: 울지 마세요, 그럴 필요 없어요, 자기 자신을 위해 우는 습관은 버리세요, 그럴 필요 없어요(60).

시인지 소설인지 꽃인지 바다인지 알 수 없는 것이 둘 사이를 스쳐 지나간다. 스침은 어쨌든 유혹과 결부되어 있기에 당신은 사로잡힌다. 벽 너머 바다가 있는 방에서 사랑을 시도하나 사랑할 수 없는, 죽음의 병에 걸린 당신과 그의 병을 진단하는 여자. 기억을 기억에서 살려내고자 새벽이 차오르는 방에서, 뒤라스가 썼듯이 둘 사이에 있는 건 언제나 "죽음(la mort)과 사랑(l'amour)"이다. 프랑스어 죽음과 사랑이 가진 발음의 유사성 때문에 둘은 혀의 친족관계가 된다. 당신의 혀와 여자의 혀. 그의 언어와 나의 언어. 그것들이 모두 포기되어진 침묵의 기록이기도 하다. 전부이자 아무것도 아닌 일이 된다. 여자는 난폭함, 미개함, 살인 충동, 포기, 결여를 책 속에 잘 가두고 잠으로 철컥 잠근다.

당신은 여자에게 당신이 사랑받을 수 있을 거라고 생각하는지 묻는다.
여자는 어떤 경우에도 그럴 수 없을 거라고 말한다. 당신은 여자에게 묻는다: 죽음 때문에요? 여자가 말한다: 그래요, 당신의 감정이 무미건조하기 때문에, 꿈쩍하지도 않기 때문에, 바다가 검다고 말하는 그 거짓말 때문에요(57).

이제 둘 중 누가 당신이었고 누가 여자였는지 확신하기 어렵다. 당신처럼 나도 포기한다. 포기하고, 그랬다는 것을 잊어버려서 살아낼 수 있다. 몸, 잠, 죽음, 사랑만큼

『죽음의 병』에 자주 등장하는 "차이"라는 단어가 이 오랜 부재 한가운데에서 선명해진다. 기억과 언어와 사랑과 세계를 가르는 차이. 열여덟 살에 이미 너무 늦었다고 썼던 뒤라스와 나의 차이, 이해하지 못하는 책을 이해 못 함의 증거로 곁에 두겠다던 그와 나의 차이, 사랑을 소유와 제어로 착각했던 무수한 당신과 잠이 든 여자의 차이, '바다가 검다는 거짓말'과 "당신은 절대로 시작되지 않"(62)을 거라는 말의 차이… 그것들을 넘어서 계속 욕망할 수 있을까. 뒤라스라면 아마도 침묵의 흐름을 차단하지 말라고 했을 것이다. 그의 부재에서 자꾸 존재의 암시를 듣게 되는 것 역시 뒤라스 효과였다.

*버지니아 울프,
『파도』,
박희진 옮김,
솔출판사,
2019, 309쪽.

어떤 이름으로 죽음을 부르는가*

버지니아 울프, 『파도』

새들의 노래는 공허하다. 햇살이 도착하자 그림자도 도착한다. 덧문에 비친 흐릿한 유령이 잠시 반으로 갈렸다가 붙는다. 아직은 모든 것이 정말 존재하지는 않는 시간. 파도는 무의식적으로 호흡을 지속하는 잠든 사람.†

죽었다던 사람이 살아서 나타났다. 갑작스럽고 격렬하지만 대개 원인은 알 수 없는 충격에 지쳐 있던 내게 그의 등장은 불과 10분 전 카페 창 옆에서 의자를 옮겨도 피할 수 없던 햇살을 연상시켰다. 공통 지인의 장례식장이었다. 나는 그가 분명히 죽었다고 들었다.

†이 장의 고딕 표기는 『파도』의 형식에 대한 오마주이다. 『파도』에는 여섯 인물의 생애를 독백으로 서술하는 본문의 앞뒤와 사이사이에 일출부터 일몰까지 자연 세계를 묘사하는 열 개의 막간이 놓여 있다. 이처럼 서로 다른 차원의 시간을 병치해 독특한 시간성을 구현한다. 한국어판은 원서에서 이탤릭으로 표기한 막간을 고딕으로 표시했다. [편집자 주]

그래서 편지를 쓰지 않은 거야? 답장이 없어서 서운했어.

그런 글을 보내놓고 잘도 그런 말을….

답장할 수 없는 편지였다. 편지라고 부를 수 있다면 그랬다. 내게 그건 유서로 읽혔다. 그렇게 간주해도 내가 할 수 있는 일은 없었다. 누구나 그 상황에서는 할 수 있는 일이 없다고 믿는 편이 나았다. 한 달쯤 지나 그가 죽었다는 소식이 들려왔다. 언제 어디서 어쩌다를 묻지 않은 건 내겐 여전히 그 편지가 유서로서 효력을 발휘하고 있기 때문이었다. 소식을 전해준 이는 내가 놀라지 않는 게 당연하다면서 말했다. "내가 뭐라고 했는지 알아? 걔가 살아… 있었어?" 그를 아는 많은 사람들에게 그는 훨씬 전부터 망자나 다름없었다.

꿈이 힘을 발휘하는 날들. 해가 떴지만 햇살은 없다. 지금도 누군가가 내게서 떠나고 있지만 나는 그게 누구인지 몰라. 불행에 찬성한 적도 없어. 이젠 새들이 나를 향해 날아오지 않고 나는 몸을 질질 끌며 박스를 다시 박스에 넣고 테이프로 밀봉하며 시간을 옮기고 있어. 옮겨지는 건 시간뿐이야. 나는 여기 그대로 있어. 나는 금이 가고 요란한 노래를 고장 난 채 반복하는 불량 인형처럼 있어. 여기 있는데 내 팔은 저기, 한쪽 눈알은 그 앞에, 너에 관한 기억은 뒤처진 채 흐른다. 차가운 절제선이자 경계 앞까지 오면 실은 내가 불행에 찬성한 적이 있던가 하면서 머뭇머뭇 그래도 흐른다.

주의하세요. 그마저도 자꾸 제지당하며.

그는 편지에 자신이 쇼핑 플랫폼 C의 물류 센터에서 보낸 시간에 대해 썼다. 내가 아는 연극배우 열 중 여섯이 팬데믹 기간 내내 그곳에서 일했다. 우리는 밖에서 꼭짓점이 많은 조각들이었지만 이 안에서만은 꽤 일사불란하게 출렁이는 파도였어, 라고 그가 쓴 문장을 기억했다. 그 아래에 『파도』의 한 문장을 인용한 걸 보면서 그가 여전히 언어 안에서 무언가를 경험할 수 있는 인식론적인 조건 안에서 살아가고 있는 모양이라고 막연하게 생각했다. 그런데 왜 죽으려는 건가. 어쩌면 그래서 죽고 싶은 모양이라고 또 생각했다. 점점 거추장스러운 것들이 몸에 하나씩 달라붙는 기분이었다. 『파도』가 쓰이기 전 발아 단계일 때 버지니아 울프는 '나방들'(the moths)이라는 가제를 붙였다. 카시스에 머물고 있던 언니 버네사가 편지에 쓴 나방이 버지니아의 펜에 알을 낳았다. "내가 이 편지를 쓰려고 밝혀놓은 램프 주위로 수많은 나방이 미친 듯 맴돌고 있어." 불빛을 중심으로 모이는 인물들과 죽음의 날갯짓이 파도처럼 펄럭하는 소설을 구상하기 시작했다고 쓴 버지니아의 일기를 먼저 읽어서였는지 나는 『파도』 속 나방과 파도가 죽음의 다른 이름이라고 여겼다. 그가 인용한 문장은 나도 줄을 그은 것이었는데 그의 편지로 다시 읽자 죽음이 내게 와서 철

썩 부딪치고 부서졌다.

무언가를 오래 보고 있으면 형상의 윤곽이 희미해지면서 모두 유령이 된다. 해가 뜨고 높이 솟았지만 햇살은 저 벽을 뚫을 수 없다. 벽 안쪽 작업대 조명은 앞사람의 머리 형태를 찌그러뜨릴 만큼 강하다. 몸에서 기억이 부화되어 쏟아져 나오고 나는 거기 없다. 포장된 상자를 다시 포장하고, 포장된 상자를 다시 포장한 상자를 또다시 큰 포장 상자에 넣는다. 앞에서 졸고 있는 여자는 여기 오기 전에 택배 상하차 일을 하는 배역을 연기했다면서 말한다. 가장 큰 박스를 열면 그 반 정도 되는 박스가 나오고 그 박스를 또 열면 그보다 작은 박스가 나오는 식인데 마지막 가장 작은 박스 안에는 죽음이 있는 거야. 교통사고로 박스가 부서지면서 죽음이 삐져나오는 이야기야. 여자는 삐져나온 죽음에 물든 것처럼 존다. 새 같다. 공허한 울음소리를 낼 것 같은.

삐져나온 죽음처럼 삐죽 나타난 그가 내게 어떻게 지내냐고 물었다. 수영을 배우고 있어. 수영을 못했었나? 전혀. 그의 얼굴에 잔물결이 생겼다. 수영은… 비싼가? 나는 못 알아들은 척했다. 수영 배우는 거, 비싼가? 그가 다시 물었다. 잔물결이 내 얼굴로 옮겨 왔다. 동요하고 싶지 않지만 이 불편함 가장자리에 진실과 유사한 감각이 있다는 건 모른 척하기 힘들다. 아니. 그 짧은 말이 무겁게 가라앉는다. 그의 눈이 검은 동굴의 입구처럼 장례식장의 빛을 다 빨아들이고 있다. 왜 죽지 않았어? 그렇게 물을 수는 없었다. 버지니아가 『파도』를 막 쓰기 시작했을 때 여러 가능성을 고민하며 타협도 하고 실수도 하다 보니 결국 미친 사람의 꿈처럼 되어버렸다고 했으니까. 그도 고민과 타협과 실수를 모두 해버린 끝에 무언가가 되어버렸겠다. 첫 부분을 열여덟 번 넘게 옮겨 쓰며 고쳤다고 했으니까. 1929년 9월부터 시작한 글이 1931년 6월에야 끝이 났으니까. 한 작품을 2년여에 걸쳐 쓴 건 첫 장편인 『출항』을 제외하고는 처음이어서 스스로도 놀랐으니까. 그러느라 버지니아는 그때까지 죽지 않았으니까. 그도 자신을 옮겨 쓰며 고치는 중일지 몰랐다. 마흔두 번쯤. 출렁.

모든 죽음은 하나의 죽음이다(181).

그가 편지에 인용한 문장이었다. 가끔 우리 둘을 모두 아는 이들이 인사를 하고 갔다. 저기 만나고 싶지 않은 사람이 온다. 그가 내게만 들릴 정도로 작게 말했다. 돌아보지 않아도 누군지 알 것 같았다. 그의 죽음을 내게 전했던 사람. 비명에 가까운 하이 톤으로 그가 알아듣기 힘든 말을 쏟아내는 사이 나는 물잔만 여러 번 들었다 놓았다. 무관심하고 멍한 눈들이 주변에 가득했다. 술잔과 마른안주 위로 어떤 다른 계절이 왔다가 가고, 검은 감정이 이 의자 저 의자를 돌아다니며 그만 포기해, 라고 말하고 있었다. 의자와 의자 사이에서 리듬을 타며.
  세상에, 난 너 정말 죽은 줄 알았어.
  아, 내가 보여? 너 유령도 보니?
  장례식장에서 듣기에는 좀 민망해지는 웃음소리가 데구루루 굴렀다. 사람들이 일제히 우리 쪽을 바라봤다. 죽음의 소문을 퍼뜨린 이의 명랑함은 의심할 여지가 없었다. 살아 돌아온 거 축하해. 명랑한 술잔이 눈앞에서 춤을 췄다. 건배하자고. 그때였다. 그가 앞에서 흔들리는 그 술잔을 거칠게 쳤다. 그가 치고 싶은 게 술잔이 아니었다는 걸 명백하게 보여주는 스윙이었다. 잠시 삶이 일시 정지된 것처럼 고요해졌다. 어쩐지 배신당한 기분이 들었다. 이처럼 조용할 수 있었다니. 식사 준비해드릴까요? 고요는 다시 혼돈 속으로 빨려 들어갔다.

  한 명의 독백이 사라지고, 다른 한 명의 독백이 나타나는 식이다. 해가 꺾였다는 걸 안다. 나의 고통이 식는다. 비눗방울 같은 희망이 온다. 나는 어둠을 몸에 감고 운다. 여름에는 에어컨 없이 덥고 겨울에는 난방 없이 춥다. 더우면 여름이고 추우면 겨울이다. 하루 사이 여러 계절이 왔다가 간다. 여기 어디에도 생명 따위는 존재하지 않는 것 같다. 저기 왕이 계신다. 자꾸 졸던 여자가 잘리고 그 자리에 선 다른 여자가 자꾸 기침을 한다. 왕이 다른 라인을 보면 세계가 잠시 숨을 고르고 그 순간마다 콜록. 세계는 마스크도 없는데.

그는 미안하다고 했지만 술잔을 친 것에 대한 사과는 아니었다. 이 세계가 줄 수 있는 유일한 휴식이 죽음이라는 걸 모르지 않았는데. 꾹꾹 눌러 뱉는 그의 혼잣말에 급하게 몰려들었던 시선들이 뿔뿔이 흩어졌다. 죽음을 알렸던 이는 시뻘게진 얼굴로 나를 노려보았다. 우리가 공모자인 것처럼. 너도 바랐잖아, 하는 것처럼. 아니다. 내가 바란 건 누군가의 부고이지, 죽음이 아니다. 죽음의 표면을 탐색해온 두 손으로 나는 아직도 떨고 있는 그의 두 손을 잡았다. 그러자 자막처럼 특정 단어들이 마음을 지나갔다. 언어, 불안, 파멸, 침묵, 순간, 죽음… 버지니아가 태어나 열세 번의 여름을 가족들과 함께 보낸 세인트 아이브스의 여름 별장에서 형성된 가장 중요한 기억이 마치 그렇게 시작되었던 것처럼 격렬한 파동과 흔적이 그 순간 내게도 남았다. 이 장례식의 주인공이 자살했다는 것을 우리는 알고 있었다. 그것을 안다는 사실이 만든 커다란 구멍 안으로 가망 없이 끌려 들어가면서 우리는 어떤 언어도 붙잡지 못한다. 각자의 두 손을 부재하는 공동의 언어처럼 바라볼 뿐이다. 이 예외적인 순간이 만드는 시적 간주(interlude)가 흐르고 우리는 멈춘다.

잠이라는 단어 안에는 무언가가 있다. 낮에 보지 못했던 태양이 잠 안에 있다. 새의 날개를 스친 바람도 잠 안에 있다. 시간의 순환성은 방향을 거듭 잃는데 이야기는 순차적으로 방향을 얻으며 진행된다. 시간과 이야기 사이의 이 긴장이 삶과 언어의 긴장이라서 그 사이에 낀 몸과 영혼은 매일 압사다. 침묵. 지친 몸으로 환대할 수 있는 건 침묵뿐이다. 새의 둥지가 자꾸 빈다. 거울이 창백해진다. 잠 안에는 그런 것들이 있다. 우주의 혼돈 속에 내가 아주 잠시 존재했다는 기억도.

자살이 늘 성공하는 것은 아니라고 그냥 친절하게 설명해줄 걸 그랬어. 장례식장 앞에서 담배 연기를 베일처럼 두른 그가 말했다. 그가 사라질 것 같아서 나는 양손으로 연기를 휘휘 밀었다. 아, 미안. 그가 몇 발자국 뒤로 물러났다. 거리를 두는 일이 이렇게나 쉽고 덧없다. 내가 쫓아 걸음을 옮겨 거리를 다시 좁힌다. 시간이 앞으로 한 번, 뒤로 한 번 흐른다. 연기가 같이 너울춤 춘다. 수영을 배우기 시작한 날 책장에서 『파도』를 꺼내 가까이 두었다. 특유의 이중적인 시간 구조 안에서 나는 혼란스럽기보다 오히려 안전하다는 느낌을 받았다. 하루를 살면 한 문장만 남는 날도 있었다. 사건이라고 해봤자 티스푼으로 떠올릴 수 있는 정도의 것이었다. 어떤 죽음은 마른 티백 같은 거였고 우리는 그렇게 많은 사람을 잃었다. 그의 팔목에 붙은 무지개색 밴드가 보였다. 죽지 마. 놀란 그의 얼굴 옆으로 얼굴, 얼굴, 얼굴이 나타나더니 거품이 되었다. 그는 딴소리를 했다.

　　서풍이면 서쪽에서 오는 바람인가, 서쪽으로 향하는 바람인가.

　　오는 바람이지. 서쪽에서 와 동쪽을 향하는 바람.

　　하지만 서풍이라고 부르면 동쪽은 지워지잖아. 어떤 이름들은 늘 이 모양이야.

　　서풍이 불면 동쪽을 먼저 떠올리는 사람도 있어.

　　누구?

　　『파도』를 읽은 사람.

숟가락으로 어둠을 옮기는 사이 날고 노래하고 둥지를 짓던 새들이 둥지를 떠나며 한 세계가 끝난다. 동시에 한 세계가 열린다. 두 질서 사이에 깃발이 펄럭인다. 한동안 숨어 지낼 문장도 없이 나는 요일과 월과 계절과 해를 담을 상자를 열고 닫기 위해 어둠을 타고 걷는다. 죽음도 새벽의 것이 더 신비롭다. 기침을 하던 여자는 어제부터 나타나지 않는다. 여자들이 더 빨리 많이 사라진다. 나방, 파도, 버지니아, 여자들…

세계 끝의 시인, 바스러지지 않는 노래

클로디 윈징게르, 『내 식탁 위의 개』

> 여성적인 것(시인들은 그것을 어렴풋이 느꼈다)은 긍정한다…, and yes I said yes I will Yes. 『율리시스』를 모든 책들 너머 새로운 글쓰기로 데려가면서 몰리는 Yes라고 말한다. 그래, 나는 말했다. 그래, 나는 원해.
> ―엘렌 식수, 「출구」

새가 되는 꿈은 병원에서 자주 꿨다. 물론 현실과 마찬가지로 꿈이라고 내게 그리 협조적이지는 않아서 날개가 부러지거나, 깃털이 다 뽑히거나, 우박을 맞다가 화들짝 깼다. 야간 교대 간호사가 나를 흔들어 깨운 적이 딱 한 번 있었는데 직전의 기억으로는 멀리 나는 다른 새와 소통을 좀 해보겠다고 목청껏 울었던 것 같다. 뻐꾹도 아니고 짹짹도 아니고 휘익— 휘파람 소리를 내더라고, 간호사는 말했다. 깜짝 놀랐어요. 죄송합니다. 금방 다시 잠들면 같은 꿈으로 연결될까 봐 일어나 새벽 병동을 한 바퀴 돌았다. 자문이 많아질 시간, 질문은 새다. 얼마나 멀리 날아갈지 알 수 없고, 늘 다른 종(種)이 되어 돌아온다. 새가 되는 꿈은 거대한 질문이 되어버린 몸을 반영하는 건지도 모르겠다.

밤낮으로 생기는 시간 밖의 시간. 그 시간은 불쑥 눈앞에 들어오거나 떠나버려서 어떻게 살아야 할지, 누구와 나눠야 할지 모르겠다. 애쓰지 마. 그래. 이상하다. 자문자답할 때만 '그래'라는 말을 사용한다. 혼잣말 같은 선언이다. 그래(Yes). 내 첫 번째 Yes는 엘렌 식수로부터 왔다. 제임스 조이스의 『율리시스』를 분석하며 작품의 "Yes"를 여성의 욕망이 발화하는 순간으로 읽은 식수는 그것이 단순한 긍정의 의미가 아니라 질문을 빼앗긴 여성 목소리의 분출임을 강조한다. 두 번째 Yes는 클라리시 리스펙토르에게서 받았다. 그의 마지막 작품 『별의 시간』은 "온 세상이 '그래'로 시작되었다"(Tudo no mundo começou com um sim*)라는 문장으로 시작된다. 어떤 승인, 긍정, 동의, 수긍, 그리고 아마도 환대였을 그 "Yes"로 시작된 세계는 여성의 언어로 꽉 찬다.

*포르투갈어 sim은 영어의 yes와 동일한 기능을 수행하는 단어이다.

그리고 세 번째 Yes는 '부아바니'(추방당한 숲)에서 3년째 살고 있는 노부부 소피와 그리그에게 찾아온 작은 개 한 마리의 이름으로 왔다.

"그렇다, 나는 예스라고 말했다. 나는 동의할 것이다"(and yes I said yes I will Yes). 그렇게 개는 '예스'라는 이름을 얻었다.*

Yes는 소피와 그리그에게 도착한 어떤 세계로의 초대장이다. 내게 세 여성 작가들로부터 전달된 "Yes"들도 각각 그랬다. 노래가 시작되기 전 크게 들이쉬었다 내쉬는 숨 같은, 그래. 무언가가 시작되려고 한다. 무언가가 끝나려고 한다. 『율리시스』의 마지막 「페넬로페」 편은 "Yes"로 시작해서 "YES"(대문자)로 끝난다. 제임스 조이스가 여성의 말이라고 했던 두 yes 사이에는 4만 단어가 있다. 그 단어들의 숲을 통과해 다다른 마지막 YES가 작은 암컷 개의 이름이 된다. 소피가 "여자이고 예스가 암컷이었기에, 그 사실 하나만으로도 서로의 소수성과 완벽한 합의를 발견한"(140)다. 여성의 말과 몸의 합의이기도 하다. 엘렌 식수가 말한 '성(性)이나 종(種)의 경계를 정의해야 하는 곤경'은 사라지지 않지만 둘의 관계를 멈추게 하지도 않는다. 소피와 그리그가 사는 집은 마을에서도 멀리 떨어져 있어서 세계 끝으로 밀

*클로디 윈징게르, 『내 식탁 위의 개』, 김미정 옮김, 민음사, 2023, 15쪽.

린 빙퇴석처럼 덩그렇다. 그들에게는 각자 자신만의 생태계가 있다. 초원이 내다보이는 창문들은 소피의 생태계이고 창고, 은신처, 두개골이나 다름없는 어두운 서재는 그리그의 생태계이다. 나의 생태계는 의사와 간호사가 일정한 시간에 다녀가는 간이역, 기찻길 같은 침대이다. 침대에 누워 있으면 다가오는 몇 개의 발이 먼저 보인다. 두 발이 흐트러짐 없이 다가오면 먼저 도착했던 발들이 옆으로 비켜선다. 그 일사불란함이 예스와 소피의 첫 만남을 불러온다.

시란 무엇인가, 자문하고 소피가 자답한다. "그것은 한 발짝 옆으로 비켜선 걸음이다"(204). 시가 우리에게 오는 순간과 한 마리의 개가 문턱을 넘어 소피에게 오는 순간이 나란하다. 그림자로 온다. 돌비늘에 등뼈를 맞은 그림자. 밤의 어둠보다 더 진한 어둠으로 온다. 몸을 떨며 비켜서는 마음, 마찬가지로 떨며 경계를 넘어오는 걸음. 마음이자 걸음인 시가 지나가고 소피가 불을 켠다. 개는 사라진 후이다. 그러나 시는 재회이기도 해서 다시 만나 다시 본다. 그래, 하는 마음으로. '예스'라는 이름을 얻게 된 개가 내달리는 방향으로 두 사람의 생태계가 변모한다. "무구하고 추방당한" 이들이 "다른 곳에서 다시 태어난" 것처럼(71). 추방이란 공통점이 숲과 병원이라는 거대한 차이로 상처를 입는다. 초원도 꽃도 새소리도 없이 새가 되는 꿈만 반복된다. 병원의 평범한 날들이 더해진다. 이 시간조차 "한 여성이 목격한 이야기"(76)이다.

한국에 처음 소개된 80대 여성 작가 클로디 윈징게르는 그동안 몸과 연관된 주제와 모티프를 꾸준히 시적 언어로 옮겨왔다. 그의 열두 번째 작품인 『내 식탁 위의 개』에서도 "기울어지고 넘어지고 무너지는 수순"(205)의 몸을 천착해온 주제와 연결한다. 조형 작가이기도 한 그는 「불에 탄 종이들」(Papiers incendiés)이라는 작품에서 화재로 검게 탄 책들의 형상을 재현해 파괴의 목격과 잿빛 잔존을 반영하기도 했다. 검게 그을린 종이에 하얗게 남은 글씨의 흔적들. 밤을 타고 우리에게 도착하는 별의 지난 언어, 집으로 들어온 예스가 놀라지 않도록 불을 켜지 않은 채 소피가 어둠에서 반짝 전하던 "내가 여기 있어"와 같은 언어.

> "참나무잎을 종이로 바꾸거나, 새소리를 인쇄하거나, 재로 도서관을 만들거나, 책을 쓰는 내 작업은 모두 자연의 질감과 언어를 탐구하는 일이에요."*

예스의 열렬한 사랑과 긍정, 열정은 육체의 쇠락과 배제의 고통에도 소피를 지금보다 멀리 안내한다. 본격적으로 연결하는 페미니즘과 생태학, 인류학에 대한 성찰은

*Thomas Jean, "Claudie HUNZINGER «J'explore les textures et les langues de la nature»," *Marie Claire*, novembre 2024, p. 122.

절박한 만큼 직접적이고 강렬하다. 도나 해러웨이의 명저와 애나 칭의 『세계 끝의 버섯』, 멀린 셸드레이크의 『작은 것들이 만든 거대한 세계』 등이 주행성이면서 야행성인 쇠족제비처럼 소설에 나타났다 사라진다. 소피는 자신이 있어야 할 자리를 잘 알고 있다. "너는 조류학자가 아니야. 너는 새야"(49). 그러므로 분석과 개념과 이론을 떠나 자신의 가시덤불로 돌아가 노래를 부르리라. 그 속에 있을 때만 제대로 감각할 수 있으니. 그런데 "여성 작가들에게 가시덤불이 있다는 건 무슨 의미일까?"(49) 소피가 묻지만 이것은 답을 원하는 질문이 아니다. 꿈에서 새가 될 질문이다.

엄마가 잘 참았나 보다. 아파요, 하는 경고를 받은 주사였는데 내가 아무 반응도 없자 간호사가 그랬다. 무슨 관계가 있을까 생각했다. 아마도 내가 어떤 여성 작가의 글을 읽다가 문득 그의 어머니가 궁금해질 때가 있듯이 간호사도 순간 그랬나 보다고 이해했다. 윈징게르도 그런 여성 작가였다. 살아남으려는 의지의 순간, 그 감각이 상호 각인된 관계로서의 모녀가 궁금해지는. 그의 글 여기저기에서 그 각인이 종종 출몰했다. 특히 두 세계 사이에 그가 있게 될 때면 여지없이.

공립 초등학교 교사의 딸이자 손녀였던 나의 엄마, 사

전을 먹고 자란 딸, 그러므로 가부장제가 배어 있는 프랑스어의 딸, 할머니를 통해 마을의 꽃과 동물에 관한 다양한 언어를 습득하고 정원과 경계와 국경 들을 접촉하며 살았던 나의 엄마는 그러므로 중심과 주변을 내게 물려준 셈이다(231).

엄마는 자신 안에 큰 도서관을 가지고 있었다. 엄마와 함께할 수 있는 유일한 길은 그 도서관에 들어갈 소설을 쓰는 것뿐이라고 윈징게르는 일찌감치 믿었다. 믿음대로 그는 물려받은 중심과 주변 사이에서 예스를 발견한 셈이다. 소피와 예스가 타자를 용인하고 환대하는 장면들은 더없이 시적이고, 엘렌 식수가 제안한 '타자를 창조하는 힘'이 서로의 숨결에 실려 교환된다. 가끔은 너무 아름다워, 기어이 환상이어야 할 것 같은데 소피의 몸이 그 모든 순간에 현실감을 부여한다. 몸은 천장이고 창문이고 문이다. 끝없이 높은 천장, 닫힌 창문, 열리지 않는 문도 있을 것이다. 세계의 몸들이 점점 그렇게 변해간다. 아프다. 자기 몸이 자연과 마찬가지로 타자일 때 소피는 생식이 제외된 몸으로 빗소리를 듣고, 아침저녁 다른 색으로 물든 하늘을 보고, 부드러운 풀밭에 눕고, 새를 따라 눈을 깜빡인다. 그사이 오래도록 쓰다듬은 말들이 태어난다. 구멍 난 채로, 떨어져 나간 채로 윤이 나는 말들. 순간 예스가 소피를 되비춘다.

지저귀는 새소리, 속삭이는 소리, 으르렁거림, 빈정거림, 노랫소리, 조화롭지 못한 수식과 찡그린 표정으로만 말하게 될 것이다. 풀로, 초원으로, 그들의 언어 이전의 소리로 글을 쓸 것이다(378).

내 꿈의 새소리, 간호사를 놀라게 한 휘파람 소리가 이해받는다. 평범한 날들이 지난다. 셋은 살아가고, 한 번씩 기억들이 출몰한다. 글쓰기에 대한 소피의 의지와 다짐은 나날이 위태로워지는 세계를 대상으로 하는 일종의 선언문처럼 몸 안팎으로 울린다. 불안과 긴급한 분노, 섣부르지 않은 희망을 쓰고 기억하는 일을 소피는 "순종하듯 살지 말아야지"(238) 다짐하듯 해나간다. 부아바니까지 다다른 세계의 붕괴 앞에서 타자와 기억, 글쓰기 장소로서의 몸은 그렇게 저항한다. "우리가 어렸던 그 시절에 하던 진짜 포옹"(374-375)도 잊지 않으며. 그리고 예스가 떠난다. 공동의 세계에서, 포옹 끝에 돌연 사라진다. 둘에서 셋이 되었다가 예스가 부재하는 둘이 된 그들의 세계가 준비 없이 어두워진다. 예스를 잃은 소피는 세계 끝의 시인처럼 마지막 문장을 쓴다.

눈가에 눈물이 맺힌 채로도 나는 끄떡없이 글을 쓴다(386).

이것은 텅 빈 부재의 자리에서 고백하는, 세계를 향한 최선의 사랑이다. 클로디 원징게르의 「불에 탄 종이들」에서 재의 형태로 남은 검은 책 위에 하얗게 비치던 글씨처럼. 책임감의 의미에서 인간인 "우리는 그보다 훨씬 광대한 존재"(180)이므로 더 크게 사랑해야 한다. 소피는 그 사랑을 "나를 나보다 더 믿"(385)는 타자에게서 배웠다. 하나이지만 무수히 많은 존재로 우리에게 온 예스에게서.

불을 끈다. 밤의 어둠보다 더 어두운 그림자가 사라진 작은 공동을 오래 응시한다. 거기, 흘러가는 내 삶이 있다. "버려진 집을 우연히 마주치는 것은 내 꿈"(68)이기도 했다. 시인지 몸인지 알 수 없는 무언가의 기척을 느낀다. 침대 커튼 아래 그림자로 온다. 나는 한 발짝 옆으로 비켜서는 마음으로, 떨며, 운다. 울면서도 끄떡없이 쓸 수 있을까. 예스.

2부 몸과 타자

혼자일 때 무슨 일이 벌어지는가.
가까스로 살아남은 말들이 들린다.
망각이 남긴 혼란스러운 공백을 울리는
침묵이 여성일 때 그것의 목적지는
죽음뿐이라고 말했던 너의 목소리도 흑백으로
들린다.

묘비와 책 그리고 엄마

메리 셸리, 「보이지 않는 소녀」

> 나는 여기서 열쇠 뭉치를 집어 들고, 모든 텍스트의 문을 연다. 우리는 모두 살인을 저지르고 비명을 질렀으며, 우리 안에 있는 어떤 존속살해범에게서 부드럽고 뜨거운, 부모를 향한 감정이 타오르는 것을 느꼈다.
> ─엘렌 식수, 『아야이! 문학의 비명』

프로이트의 '운하임리히'(Unheimlich)가 '부재하는 것을 재현하는 방법'*을 노출한다고 쓴 사람은 엘렌 식수이다. 낯익은 낯섦의 미적 경험으로 없음을 어떻게 재현할 수 있는가는 포스트구조주의자, 여성 작가, 페미니스트를 묶는 공통 질문이기도 했다. 누군가는 그것이 여

---

*Hélène Cixous et al., "Fiction and Its Phantoms: A Reading of Freud's Das Unheimliche (The 'Uncanny')," *New Literary History* Vol.7 No.3, Spring 1976, pp.638-639.

성 작가가 남성을 흉내 내지 않는 작가로 존재하고자 할 때 기습하는 불안을 극복하려는 비밀스러운 노력과 관련이 있다고 설명했다. 축적된 문학의 지층을 벗어나면서 기이한 괴물이 된 여성들이 '양피지적 글쓰기'라는 미학 전략으로 얻은 것과 잃은 것 모두와 관련이 있다. 여기까지 설명한 후 나는 속으로 5초를 센다. 5초는 고개를 숙이고 있던 사람들의 시선을 내게로 되찾아올 수 있는 시간이다. 보이지 않는 200명의 응시를 상상한다. 공기가 뾰족하고 뜨거워진다.

"무엇보다 엄마를 잃은 딸에게 부재의 재현은 일상의 문제였습니다."

엄마의 사망 연도가 자기 출생 연도와 같은 딸. 명백한 순환의 고리에 갇혀버린 딸의 엄마는 근대 최초의 페미니스트이자 출판사에서 일과 원고료를 정기적으로 받은 최초의 여성 작가였다. 그런 존재가 나를 세계에 밀어두고 떠났다. 딸은 그 사실을 한참 뒤에 깨닫는다. 달이 차면 최초의 의미가 새 의미를 낳는 법이다. 서기와 걷기를 배운 후 딸은 엄마의 묘비를 찾는다. 서기와 걷기가 읽기로 이어진다. 엄마의 묘비명이 철자 교본이 된다. 딸은 묘비의 문장으로 읽는 법을 배운다. 서고 걷고 읽기를 배운 딸이 엄마의 글에 쏟아진 원색적인 비난과 의도적 폄

훼의 기록을 읽는다. 엄마는 잠시 괴물이 된다. 자기도 괴물일지 모른다고 생각한다. 자기혐오의 정당성을 획득하고 나면 그것이야말로 지하의 괴물이 자신에게 남긴 특별한 자유임을 느낄 수 있다.

"『여성의 권리 옹호』의 저자 울스턴크래프트 여기 잠들다"

서기와 걷기를 막 배운 딸이 제일 처음 읽은 게 엄마의 이름이었을지, "권리"였을지 아니면 "여성"이었을지 그도 아니면 "잠들다"였을지 상상하다가 저 짧은 문장 하나에 각인된 결핍과 부재, 사랑의 걸음에 복사뼈가 시리다. 시간이 의미를 되찾아온다. 뚜벅뚜벅. 엄마는 얼굴이 없다. 여기 없다. 그런데 언제나 있다. 다시 엘렌 식수로 돌아가 강의는 이어진다. '부재하는 것을 재현하는 방법'을 노출하는 미적 전략은 여성 작가들의 자기 보호로서도 의미가 있었다. 200년 전 여성 작가가 어떤 위협과 억압, 비인간화와 대상화의 상황에 내던져졌을지 짐작하기 어렵다. 그 시절 아나키스트와 페미니스트 사이에서 태어난 딸이 기혼 남성 시인과 도피 행각을 벌였다면 그 상황은 더 악화되었을 것이다. 딸은 도망자의 호흡으로 어머니와 같은 이름 뒤에 '셸리'라는 성을 달고 분리된다. 서고 걷고 읽고 분리되면서 메리 셸리는 자신이 존재하지 않는 한 세계 뒤에서 자기 부재를 짊어진다.

강의 신청자가 200명이 넘는다는 말에 어떻게 하면 강의가 불가능하게 만들 수 있을까를 생각하면서, 200조각으로 나뉠 몸이 벌써 저만치 도망치고 있었다. 글을 쓰고 있다고 자각하는 즉시 찢어지는 몸처럼 어떤 시선들에 무방비로 노출될 것임에 틀림없는 그 시간에 도착하기 전 나는 사라진다. 메리 셸리의 일기는 얼마 전까지 그의 남편에 대한 부차적 기록으로 주목받았다. 그는 유명한 아버지와 어머니의 딸에서 유명한 시인의 아내로, 그가 독창적으로 기여한 작가로서의 지분은 완전히 무시당한 채 혹자에게 "내가 만난 가장 전통적인 노예. 상상력도 시적인 것도 없다"라고 혹독한 비평을 듣게 된다. 그러나 우리는 그 혹자의 이름을 기억하지 못하거나 않음으로써 메리 셸리의 편에 설 수 있다. 이름 없는 누군가의 비난과 상관없이 메리가 『프랑켄슈타인』 1831년판 서문에 썼듯 글쓰기는 그에게 "자신의 정체성에 갇히지 않"기 위한 작업이었다. 메리가 느끼기에 자신은 자신을 지키기 어려울 만큼 노출되어 있었다. 사람들의 눈과 입에 무방비가 되어 내장마저 누출되는 그 기분은 여성의 유산 목록 상위에 적혀 있다. 떠오르는 여자들의 얼굴이 너무 많다. "사라지고 싶다"라는 말이 소리 없이 붉게 번져나가던 얼굴들. 집을 떠나 가족과 멀어지고 재정적 어려움에 처했던 메리의 초기 일기에는 금전 요구, 집행관의 방문, 채권자들을 피해 안전한 숙소를 찾기 위한 나름의 고투가 남아 있다. 그는 도망자이자 유목민이었다. 남편 퍼시 셸리가 사망한 후 "내가 바라는 것은 이름 없음"이라고 말할 만큼 그는 '보이지 않는 소녀'가 되길 바랐다. 메리 나이 스물네 살 때였으니 '소녀'는 적절치 않을지 몰라도.

메리의 후기 단편들 중 하나인 「보이지 않는 소녀」는 1833년 남편을 잃고 혼자 아이를 부양하면서 글을 써서 생계를 이어가던 시기에 완성되었다. 자기 아들이 상속받을 유산을 시아버지에게 미리 조금씩 받기도 했다고 전해지는데 이 과정에서 평소 퍼시 셸리가 마음에 들지 않았던 시아버지와 잦은 마찰을 겪었다. 메리 입장에서는 일방적인 힘의 전횡에 가까웠던 그 갈등이 경제적 어려움을 볼모로 작동하는 가부장제의 횡포나 억압으로 느껴지기에 충분했을 것이다. 「보이지 않는 소녀」에서 주인공인 고아 소녀 로지나가 사랑하는 사람의 아버지 피터 버넌 경이 저지른 악행으로 고통받는 장면으로 그 횡포와 위압이 재현되는 것처럼 느껴지기도 한다. 로지나는 사라진다. 그리고 보이지 않음으로써 자기를 찾아 헤매는 연인 헨리를 부재의 세계, 타자의 세계로 이끈다. 200년 전 보이지 않길 바랐던 여성 작가가 선택할 수

밖에 없었던 위장의 구조가 고딕 장르의 특성과 만나 탑과 몇 개의 덧문 같은 경계를 갖는다. 고딕 장르에서 여성 작가들의 풍부한 전통은 '이브의 불복종'을 비교적 안전하게 재수행하도록 구불구불한 나선형 계단마다 촛불을 밝혀준다. 고딕 소설에서 아름다움은 죽은 자들이 죽지 않고 사라진 자들이 영영 사라지지는 않는 영역의 긴장을 연료 삼아 빛난다. 마찬가지로 가부장제가 요구하는 여성의 자기 부정과 창작 행위에 필수적인 잠정적 자기 정의 사이의 긴장감 또한 여성 작가에게는 중요한 연료가 되어왔다.

순간, 마우스 조작을 잘못한 것 같다. 그동안 보이지 않던 채팅창이 무슨 영문인지 갑자기 화면 한가운데에서 열렸다. 그때까지 막연하게 상상했던 200명의 시선과 표정이 엄청난 속도로 올라가는 채팅창의 문자들 위로 포개졌다. 보이지 않던 이들이 보였다. 목소리가 들리는 것 같은 착각도 들었다. 서기와 걷기, 읽기에서 쓰기로 가는군요. 이름을 확인할 새도 없이 눈에 잡힌 문장에 하트를 눌러둔다. 쓰기로. 가혹한 쓰기로. 너무 많은 죽음을 경험한 이가 남긴 일기를 떠올린다. 메리의 이부 자매 패니가 여관에서 로더넘(laudanum) 과다 복용으로 생을 마감한 것이 1816년, 다음으로 남편의 첫 번째 부인이 자살했다. 다섯 번의 임신에서 한 명을 유산으로 잃었고 셋은 출생 후 열병과 콜레라 등으로 떠났다. 퍼시 셸리가 배 사고로 익사한 후 두 번째 콜레라가 대유행하던 시기에는 남은 아이와 자신의 죽음에 대한 공포가 뒤따랐다. 그리고 맨 앞에 어머니의 죽음이 있었다. 메리에게 삶과 죽음 모두가 초자연적이고 불가해하며 폭력적이었으므로 '보이지 않는 소녀'는 종종 여성 작가들의 글에서 작동하는 환상으로 처리한 너무 생생한 현실 자체 같다고 말해도 될지 생각한다. 누군가가 직접 겪은 죽음에 대해 말할 때는 조심한다고 해도 단어와 단어 사이에서 창이 솟고… 생각이 끊기고 감각만 작동한다. 메리가 첫아이를 잃고 쓴 문장의 통증을 닮은 감각이다.

나는 항상 같은 지점으로 돌아온다. 내가 엄마였고, 더 이상 엄마가 아니라는 것.*

며칠 후 메리는 차가운 아기를 불 앞에서 문지르니 살아나는 꿈을 꿨다고 일기에 쓴다. "내 작은 아기가 다시 살아나는 꿈"†은 며칠 반복된다. 탄생과 죽음, 희망 섞인 꿈과 가혹한 현실이라는 이중적 이미지에 한동안 사로잡힌 채 메리는 자기 삶에서 『프랑켄슈타인』의 토대가 되는 요소들을 하나둘 발견하는 중이었다. 남편과 함께 살았던 8년 동안 메리는 임신과 수유를 반복했고, 임신 중 건강 상태와 아이들에 대한 걱정으로 일기를 채웠다.

*Mary Shelley, *The Journals of Mary Shelley, 1814-1844*, Vol. 1: 1814-1822, eds. Paula R. Feldman, Diana Scott-Kilvert, Oxford: Oxford University Press, 1987, p. 69.

†Ibid., p. 70.

『프랑켄슈타인』이 모성에 관한 시적 폭발이라면, 그것을 만들어낸 힘은 메리가 남긴 일기에서 작동하는 은폐의 압력에 있다. 엄마의 『여성의 권리 옹호』에 담긴 "여성의 권리를 부정하는 일이 사회 전 영역의 불평등과 연결되어 있다"는 통찰은 딸의 다른 삶, 다른 장르의 글에서 복잡한 진동을 일으킨다. 그 진동 안에서 강의도 끝이 났다. 서기, 걷기, 읽기, 쓰기 다음은 잇기인가요? 다시 하트.

'보이지 않는 소녀'는 고아였고, 메리는 고아일 수 없는 고아였다. 그렇다고 쓴 다음에야 여성 작가가 써나갈 불가능한 애도의 계보가 어렴풋하게 보였다.

사랑이 사랑하는 사람보다 나을 수는 없다*

토니 모리슨, 『가장 파란 눈』

> 우리에게 눈으로 지각하는 일은 너무나 쉽게 일어나서 모두 지나치게 수동적이 될 수밖에 없다. 우리는 게으르기 때문에 새로 빛의 유회를 언어로 옮기기보다는 언어의 이미지를 시각으로 옮긴다. "저 사람 흑인이야"라고 뇌가 말하면 눈은 이제 더 이상 그 피부의 색을 진짜로 보려 하지 않는 것이다.
> ―다와다 요코, 『영혼 없는 작가』

나의 불행이 누군가를 향한 복수가 될 수 있을까. 어째서인지 그런 생각을 붙잡고 있던 시기에는 몰랐던 것. 불행은 선택할 수 있는 게 아니다. 일방적으로 당하고 피신처를 구해야 하는 일이다. 얼마 남지 않은 믿음과 비밀이

* 토니 모리슨, 『가장 파란 눈』, 정소영 옮김, 문학동네, 2024, 248쪽.

자꾸 손상되는 그 일이 누군가에게 복수가 될 수 있으려면 아마도 나를 사랑하는 누군가여야 할 것인데,

"그게 어떻게 돼? 그러니까 어떻게 해야 누군가 나를 사랑해주지?"(50)

그러므로 복수 같은 건 일어나지 않는다. 계절은 가을부터 시작된다. 어째서 봄이 아닌가. 앨리 스미스의 계절 연작도 가을부터 시작된다. 데메테르와 페르세포네가 이별을 앞둔 계절.『가장 파란 눈』의 클로디아에게는 자신이 "죽지 않기를 바라던 손을 가진 누군가가 떠오"(27)르는 계절이다. 그러나 1941년 가을은 죄책감이 금잔화 대신 싹을 틔운다. 금잔화 씨앗이 쪼그라들어 죽은 건 페콜라가 자기 아버지의 애를 가졌기 때문이라고 클로디아와 프리다 자매는 생각한다. 페콜라의 아이도 죽는다. 아무것도 생산하지 못한, 죽음만을 예비한 가을도 있다. 어째서 봄이 아닌가. 클로디아의 말처럼 어째서는 난감한 문제니까 "어떻게에서 피신처를 구"(20)해보자.

단정하면서 동시에 역겨운

나는 전혀 치유되지 못했다. 그곳으로 돌아가야만 한다. 기억의 길이 붕괴되기 전에. 그사이 몇 번이나 페콜라와 눈이 마주친다. 시선을 빼앗기는 게 아니라 한동안 두 눈을 모두 빼앗긴 기분이 든다. 그가 해석하고 소유할 수 있는 세상은 발이 걸려 넘어질 뻔한 보도의 깨진 틈이 유일하고, 우리는 쪼그려 앉아 정수리를 맞대고 깨진 틈을 들여다본다. 가만히 있으면서 무언가를 기다리고 있는 거라고 믿기로 한다. 어떤 질서 정연함, 사람들이 아름다움이라고 합의한 그 아름다움으로부터 이 작은 틈이 우리를 구해줄 것처럼 기다린다고. 동시에 나는 읽는 일에 대해 생각한다. 흑인 소녀의 이야기를 이렇게 읽어도 되는 건가.

백인 남성의 글은 대개 선택의 여지 없이 읽고, 백인 여성의 글은 반쪽짜리 희망을 쥐고 읽는 동안 어떤 참조점이나 흐름이 있었지만 흑인 여성이 쓴 흑인 소녀의 이야기를 읽는 방법 같은 건 배운 적이 없다. 달라야 할 것 같다. 일어나 몇 걸음 뒤로 물러난다. 페콜라가 유일하게 해석할 수 있는 그 틈을 들여다보는 옆얼굴이 잘 보이도록. 이 거리감은 페콜라와 나의 피부색 사이에 놓을 수 있는 색상 팔레트의 수만큼 달라진다. 단계적 명암의 그림자가 생기는 마음. 나는 참지 못하고 편지를 쓴다. 페콜라와 이름 두 글자가 같은 친구다.

얼마 전 노예가 쓴 자서전을 읽었어. 페이지가 잘 넘어가지 않았는데 고통스러운 상황 묘사 때문은 아니었던 것 같아. 오히려 어떤 수사적 허위들이 너무 없어서였다고 할까. 불쑥 튀어나온 순전함에 걸려 넘어지면 한동안 못 일어나는 거야. 그런 문장들. 할머니는 돈을 벌어 자식들을 사려고 애썼다, 같은. 이게 무슨 말이지? 잠시 그냥 있어. 어떤 사실이 오고 무슨 말인지 이해가 가지만 여전히 "무슨 말이야 이게?" 하게 되는 거야. 비슷한 문장이 자꾸 나오고 그럴 때마다 나는 활자들의 표층을 뚫지 못하고 망연히 있어. 이런 문장은 어떻게 건너가?

역사는 액체다. 사방에서 사방으로 틈입한다. 이런 역사는 어떻게 건너가, 라고 물었던 셈인데 동시에 그들의 역사 일부는 이런 역사를 건너가려고 애쓴 시간의 기록이기도 하다는 걸 떠올린다. 토니 모리슨이 애초에 약탈과 폭력이 있었다는 말로 수업을 시작한다고 말했던 것처럼. 흑인 역사를 시작하는 문장은 그렇게나 무거웠다. 무거운 걸 받아들고 나와 너에게 어떤 일이 벌어질지 본다. 친구의 답장은 간단했다. "나의 엄마와 엄마의 엄마가 건너갔듯이."

어떤 문은 닫고 어떤 문은 열고

겨울을 거울로 잘못 읽는다. 하얀 눈, 투명한 얼음, 얼어붙은 기억 모두가 거울이다. 가을의 꼬리처럼 따라온 '차이나'와 '폴란드', '마리'라는 세 매춘부 여성이 거울 안에 있다. 남자를 미워하지만 그렇다고 딱히 여자를 존중하지도 않는 그들은 누가 자기들처럼 살겠다고 하거나 자기처럼 절대 살지 않겠다고 선언한들 놀라거나 영향을 받지 않을 터였다. 한 몸에 머리 셋이 붙은 괴물 같은 그들이 거울에서 사라지자 깊은 겨울이 왔다. 겨울은 가을을 아쉬워하며 반, 봄을 기다리며 반을 보내기 때문에 유난히 길고 자기혐오적이다. 그래서 겨울의 우정은 위태롭다. 클로디아는 그걸 알았다. 체계적으로 습득된 자기혐오가 손쉬운 제물의 머리채를 휘어잡는다. 아이들은 그렇게 해도 괜찮은 상대의 표식을 본능적으로 알아본다. 누구에게도 보호받지 못하며 아름답지 않은 존재. 페콜라는 가진 것이 너무 없다. 가을에는 좀체 싹이 나지 않는 금잔화 씨앗 같던 이름이 겨울에는 땅에 닿기도 전에 녹아버리는 눈송이 같다. 어떻게 하면 이 소녀가 안전해질 수 있을까. 소녀가 원하는 "그 아름다움"이 자신을 지킬 수 없다는 걸 가르쳐줄 누군가, 보고 깨우칠 수 있는 누군가가 하나는 있지 않을까.

노예였던 여성이 쓴 자서전에 그런 문장이 있었어. 노예 여성의 아름다움은 오히려 잔인한 저주나 다름없다고. 백인 여성이라면 그 아름다움이 동경의 대상이 되었겠지만 노예 여성에게는 수치와 타락, 폭력을 부르는 이유가 된다고. 그러니까 아름다움을 갈망해서는 안 되는 거였어. 19세기의 교훈이 20세기에도 유효했던 거야. "그 아름다움"은 백인이 표준이라고 가르쳐줄 자매도, 엄마도 페콜라에게는 없어. 뭔가 너무 없어.

마지막 문장을 쓸 때는 명치로 열이 모인다. 뭔가 너무 없는 어린 여자. 유색인과 "검둥이"는 다른 존재라는, 차이가 차별로 이어지는 상황에서 비명소리만 자기 것인 어린 여자. 겨울 다음에는 봄인데, 봄이 오면 이 뭔가 너무 없는 여자애가 조금은 살 만해지길 아슬아슬한 마음으로 바라고 있는데 친구의 답장 알람이 울린다. "곧 봄이라는데 여전히 추워. 어떤 문은 닫고 어떤 문은 열어둬. 너무 없는 사람에게 활짝, 이라는 건 없어."

파릇파릇한 회초리와 통증

봄이 되면, 으로 시작되는 변덕스러운 계획이 맨 앞에 있고 그 뒤를 잘 휘는 초록의 가지가 따른다. 같은 봄을 맞으려면 같은 겨울을 지나야 한다. 클로디아에게 봄은 가죽띠로 맞는 겨울에서 가느다란 녹색 회초리의 매질로 바뀌는 계절이다. 회초리의 통증이 가득한 봄, 개나리를 봐도 신이 날 리가 없는 봄에 흑인 소녀는 눈을 감으면 세상이 어디로 사라지는 걸까 생각한다. 눈을 감아도 사라지지 않는 세상이 많아지는 게 어른일지 모른다. 나는 치유되지 못한다. 폭력은 진부하고 아이들이 자라도록 기다려주지 않는다. 계속 나쁘고 더 나쁜 일이 벌어진다. 자매가 미스 마리를 마지노선이라고 부른다. 엄마가 그 여자는 몸을 버렸다고 했기 때문이고 자매에게는 그 말이 부르는 불길함이 상상할 수 있는 불행의 마지노선이다. 몸에 가해지는 폭력이 가려지는 그 말을 자매가 똑같이 반복할 때 마지노선이 웃는다. 격렬하게 아름답고 무시무시한 웃음이 자매들 주위로 쏟아진다. 그 웃음이 나에게도 튄다. 걔는 쉬워. 내가 취소한 이름들이 보인다. 내가 거두어들인 손도. 찢어버린 사진이나 편지들도. 그런 것들을 망설임 없이 버릴 때 느껴지는 일말의 죄의식과 그것을 찍어 누르는 쾌감이 번갈아 찾아온다. 쉬운 사람은 없다. 없어야 한다. 봄은 우리가 어떤 겨울을 보냈는지 햇살 아래 적나라하게 드러낸다. 페콜라의 부모, 폴린과 촐리의 과거가 연달아 등장한다. 계절이 도미노처럼 눕는다. 분명히 이 봄은 겨우내 기다리던 그 봄이 아니다. 그리운 무지개도 봄날의 묘지에서 회복되는 자연의 질서도 찾아오지 않았다. 산란하고 간지럽기만 했다. 기어이 어떤 일이 벌어지고야 말 것 같은 예감의 봄, 토요일, 여린 햇살···

이유를 알고 싶은 건 이해하고 싶어서야. 이유 따위는 알고 싶지 않은 일이 책에서 벌어지고 나니 그걸 알겠더라. 곤혹스러웠어. 자기 딸을 강간하는 아버지의 묘사가 이렇게 남아도 되는 건가. 끔찍한 일이, 그 기억이 이렇게 아름답게 재현되어도 되는 건가. 아름다움이 설득력을 갖는다는 무시무시함. 누구에게나 다시 읽고 싶지 않은 부분이기 때문에 더 환상적으로 남을지 모른다는 불안감에 나는 한 문장 한 문장의 살을 바르고, 햇살을 가리고, 더러움을 묻혔어. 필사적으로.

기억으로 길이 열린다. 길 위를 새가 허덕이면서 난다. 나는 치유되지 못할 것이다. 태초와 종말 사이의 모든 폐허를 살고 있는 기분이다. 누구도 치유되지 못할 것이다. 사랑은 자기기만보다 더 섬세한 기술이다. 잠식해오는 비인간성에 대항해 눈부신 것은 모두 빛이라고 믿기. 더럽고 추한 것을 한 존재에게 쏟아붓기. 어느 정도의 손상을 각오하고 기억을 맡기기. 모리슨은 파릇파릇한 가지에 일찍 핀 꽃을 떼어내 버리고 회초리로 쓰는 잔인한 여자야, 라고 친구는 답장에 썼다. "하지만, 모리슨이 이

나라가 흑인들에게 저지른 가장 처참한 일이 사랑을 온전하게 느끼거나 표현하지 못하도록 한 것이라고 말했을 때는 동의하지 않을 수 없었어."

세상의 모든 폐기물과 아름다움

꿈의 기교라도 있었다면 좋았을 것이다. 그럴 리 없는 흑인 소녀는 더 멀리 가버린다. 타자가 우리를 정의한다. 어린 자매도 그걸 모르지 않아서 페콜라를 바라보지 않고 또 바라보려 애쓴다. 모든 것들을 키워내는 여름, 상처라고 예외는 아니었다. 어찌해볼 수 없이 깨지고 손상된 소녀에게 쏟아진 세상 모든 추함 덕분에 몇 걸음 떨어져 아름다워진 이들이 있었다. "우리가 어떤 사람이 될 것인지 선택하는 힘이 우리에게 있"*다는 오드리 로드의 말이 들릴 때까지 그들은 조금 더 살아야 한다.

봄으로 시작될 수도 있었다. 그랬다면 겨울로 끝내야 했을 것이다. 매질이 달라지는 봄에서 시작해 늑대(배고픔)와 매(추위)의 계절인 겨울로 끝나는 이야기였다면 우리는 페콜라가 찢어진 원피스 솔기 사이로 들어오는 찬바람을 막으려고 고개를 푹 숙이는 모습을 영원히 기억하게 되었을지 모른다. 여름에 쓰레기를 뒤지는 페콜

*오드리 로드, 『시스터 아웃사이더』,
주해연, 박미선 옮김, 후마니타스,
2018, 334쪽.

라를 기억하는 것과 비교해 어느 쪽이 더 가슴이 아플지, 그건 애초에 대답할 수 있는 일이 아니겠지만. 그렇게 생각하고 있을 때 친구의 메일이 도착했다. "네가 아니었다면 이 책을 다시 펼치는 일은 없었을 거야. 고마워하지는 않을래. 사랑해."

나도. 나보다 나을 리 없는 사랑이겠지만 미안해하지 않을게.

말과 물의 환영(幻影)

클라리시 리스펙토르, 『아구아 비바』

> 우리는 더 이상 사물들이 원래 가지고 있었던 소리를 듣지 못한다. 우리는 번역하고 또 번역한다. 모든 것은 번역이고 축소이다. 우리는 이제 바다라는 말에서 거의 아무것도 듣지 못한다.
> ―엘렌 식수, 「클라리시 리스펙토르에게 다가가기」

계절답지 않게 춥고 환한 날이다. 방 한가운데에 가방을 활짝 열어두고 무언가를 넣거나 빼기를 반복하고 있다. 지난밤 살해당한 여자의 몸을 운반하던 영화 속 슈트 케이스가 같은 색이었다는 게 떠올랐다. 잠금장치 위에 무지개 스티커를 두 장 붙여둔다. 바람이 실어 나르는 게 많은 곳이다. 너무 가벼워서는 안 된다. 무거워서도 안 된다. 아주 오래된 것도 새것도 제외다. 클라리시 리스펙토르의 『아구아 비바』가 가방 속으로 들어갔다. 무게를 측정할 수 없는 "살아 있는 물". 언제나 새것이면서 축적되는 물의 순간을 만날 수 있을지 감을 잡기 어렵다. 기대 역시 가볍거나 무겁지 않게.

이름에 'ㅇ'을 두 개 가지고 있어서 그는 내 메모에 "ㅇㅇ"으로 기록되어 있다. 처음 ㅇㅇ의 메일을 받은 날, 나는 이른 아침부터 병원에서 또 다른 진단명의 가능성을 듣고 추가 검사를 하고 세 시간씩 두 번의 강의를 마친 후 늦은 저녁을 먹고 깜빡 잠들었다. 발끝부터 액체에 녹아 천천히 몸이 전부 사라지는 꿈을 꾼 기억. 젖은 소멸에 고통은 없었다. 아드리아마이신, 엔독산주, 탁소텔… 몸을 녹인 액체들의 이름을 나는 알고 있었다. 이름을 알면 통증은 희박해진다. 몸 안으로 들어왔던 그것들이 몸 밖에서 몸을 녹였다. 안팎의 전환에 어떤 기억이 창백해졌다. 액체가 꿈틀거렸다. 녹아 사라진 줄 알았던 몸이 그 속에서 젤리처럼 투명하게 형태를 유지하고 있었다. 저건 내가 아니다, 거듭 확신하며 꿈을 남겨두고 나왔다. ㅇㅇ이 보낸 '섬 안의 섬'으로의 초대 메일 속 글자들이 물방울처럼 침대 위로 뚝뚝 떨어졌다. 아무것도 하고 싶지 않았다. 동시에 무언가를 해야 한다는 걸 알았다. 가령,

내 경험을 해석하기 위해서 다른 여성의 경험에 의지해야 한다든가. ㅇㅇ에게 답장을 썼다. 초대 고맙습니다.

동행할 것들을 아직 결정하지 못했다. 가방이 몸을 활짝 열고 시간을 삼켰다 그대로 뱉어냈다. 시간이 흘렀다, 라고 써도 될 텐데 쓰고 나면 정말 그런가 시계를 보면서도 의심이 든다. 시간이 균일한 방향성을 가지고 일정하게 운동하고 있는 것처럼 느껴질 때도 있었다. 이제는 오래된 소문. 틈입하거나 절룩거리거나 잠기는 시간이 아니고, 누출되거나 미혹되는 시간도 아니고, 0에서 9까지 타고 흐르는 시간에 관해서 나는 잘 모른다. 유아가 시간을 측정할 수 있으려면 좌절을 견딜 수 있어야 한다고 K 교수가 말했을 때 나는 그 말의 의미를 단박에 이해했다. 좌절은 사랑하는 대상의 부재와 연결된다. 생애 첫 대상인 엄마의 가슴이 자기 곁에 있을 때와 부재할 때의 간격으로 우리는 처음 시간을 인식한다. 첫 대상이 오고 가는 사이, 부재로 느끼는 좌절의 감각이 곧 시간일지 모른다. 몇 년 전 만난 부산 영도 해녀들 중 상군 해녀 하나가 "물이 오고 감이 물때"라고 해삼을 탁, 소리 나게 반토막 내며 말했던 게 떠올랐다. 오고 가는 사이, 파도가 평평해지는 순간, 들숨과 날숨이 교차되는 찰나. 우리 몸의 시간은 그런 것이라고 새로운 소문을 퍼트리고 싶다. 진심은 아니다. 갈수록 뭐든 하고 싶지 않다 쪽이 진심에 더 가깝다.

○○이 살고 있는 제주 한 바닷가 마을의 해녀들을 만나러 가는 길이었다. 물의 시간을 살면서 멀리 나갔다가 돌아온 언어를 쓰는 사람들. 떠올리는 것만으로 몸속 물들이 출렁거렸다. 엘렌 식수의 『제3의 몸』을 마지막으로 넣고 슈트 케이스를 닫았다. 이 가방이 불능의 몸을 운반할 것이다. 섬까지 내 몸을 운반하는 문제 외의 문제들은 모두 섬 안에 있었다. 내가 가는 것인데 그들이 오는 것 같다. 비행기 안에서 곧 내게 밀려올 것들을 적는다. 파도이다. 흔하지 않은 파도.

파도 1
  그동안 공공 기관과 협업해 진행한 프로젝트에서는 주관하는 곳에서 모객부터 행사 전반을 주로 세팅한 후 내 역할이 주어졌다. 그와 달리 이번에는 해녀들의 참여 여부를 공적 약속으로 묶기 어려웠다. 그들을 움직이는 건 물때다. 대화 장소로 그들을 오게 하고, 한두 시간 몸과 마음을 붙잡아두는 일이 과연 가능할까. 나는 물이 아니다(굴, 술, 줄도 아니지).

파도 2
  제주해녀축제를 앞두고 부스에서 판매할 해산물을

채집하기 위한 물질이 예정되어 있다고 했다. 날씨와 물때가 맞아야 가능한 물질이지만 날씨도 물때도 예측할 수 없으니 결국 그들의 약속은 그때 보고, 두고 보고, 가서 보고 식이다. 어쩌면 그들과 마주 앉아보지도 못하고 돌아와야 할지 모른다. 헛걸음을 좋아하는 편이어도 이런 기회가 정말 그렇게 되면 아쉬울 것 같다. 그들에게 맡겨놓은 말이 있는 것도 아닌데.

파도 3

물때가 맞는 행운 덕분에 어찌어찌 그들과 전시 공간에서 만난다고 해도 첫 만남에 선뜻 서로의 언어에 매달리거나 그 유동성을 경험하지는 못할 터였다. 불편한 기류를 못 참고 애써 웃느라 얼굴에 쥐나 안 나면 다행이다. 더구나 ○○과 해녀들의 삶은 연결되어 있다. '섬 속의 섬'이라는 관계. 육지로 돌아오면 그만인 섬 밖의 나는 조심하고 삼가야 할 것 같다. 불편하고 어색한 상황이 남긴 감정의 여파를 그곳에 사는 ○○이 혼자 감당하게 할 수는 없다. 이러지도 저러지도 못하는, 좀체 자리가 잡히지 않는 마음으로 은밀하게 나는 ○○과 그들을 생각한다. 몸이 텅 비면서 꼭 테왁이 된 것 같다.

비행기를 타기 전 ○○과 이런 파도들을 공유했다. 그간 진행해온 여성 노인들과의 여러 작업들을 염두에 둔 초대였으나 이전 작업의 조건이나 상황과는 달랐다. 잠깐 난감하면서도 이런저런 궁리를 함께 하며 어려워지는 마음 사이사이에 약간의 기대와 흥분이 더해지기도 했다. 프로젝트에 노인 참여자들을 고려할 경우 무엇보다 그들의 자의적이고 창발적인 참여가 중요했다. 그런 면이 전제되지 않으면 자칫 기획자나 아티스트의 욕망에 그들을 교묘하게 동원하는 게 된다. 자신들을 향한, 부쩍 달라진 호명의 빈도와 구획되는 의미를 막연하게나마 짐작하는 해녀들이 외부인에게 경계심을 높이는 건 자연스러운 반응이었다. 팍팍한 생계에, 아픈 몸에, 소외에 관심이 없던 세상이 갑자기 그들을 향해 카메라와 마이크를 앞장 세워 자본이 되어달라 요구하는 형국이었다. 그러니 적어도 그런 접근과는 달라야 했다. 이런 이야기를 스스럼없이 나누다 보면 그들과 ㅇㅇ이 가뿐하게 분리되지 않았다. 물이 물을 껴안는 것처럼 해녀들의 삶은 이미 ㅇㅇ의 삶이기도 했다.

그냥 어떻게 되는지 볼까요?
그래요. 가서 기다려보죠.

창밖으로 구름이 지나고 있다. 사라지고 있는 존재만이 사라진 존재를 기억한다. 내가 여전히 살아 있는 게 이상하게 느껴지는 순간마다 그들이 여전히 죽어 있는 게 이해되지 않는다. 나에게 결여된 것들이 저 구름 같다는 생각을 이룩한 지 10분이 지나고부터 하고 있다. 사라진 것들은 다 어디로 가나, 할 때 저기 있다고 믿고 싶다는 생각. 확신 없는 영원성을 뭉치거나 풀어 헤치면 구름이겠거니 하는 생각. 그러니까 무언가 어딘가 있다 치고, 혹은 없다 치고 살지 않으면 안 된다 했던 순간들이 함께 바다를 건너고 있었다. 공항에서 택시 기사에게 가방을 트렁크에 좀 실어줄 수 있냐고 물었다. 제가 무거운 걸 못 들어서… 림프절 절단으로 팔을 잘 못 쓴다고 설명할 여유는 없었다. 기사는 차에서 내려 묵묵히 트렁크에 가방을 실었다. 내릴 때도 귀찮은 내색 없이 가방을 꺼내 내 가까이 놓아주며 말했다. 집사람이 아파봐서 잘 알아요. 무심코 다행이네요, 라고 할 뻔했다. 나의 다행이 누군가의 다행이 되기도 하는 일은 많지 않다.

물에 들어가지 않으면 죽어, 라고 한 해녀가 말했다. 옆에서 조금 더 젊은 해녀가 중얼거렸다. 물에서 못 나와도 죽지. 언젠가 같은 배에 타고 있던 해녀들에게서 들은 대화가 택시 안에서 떠올랐다. ○○에게 전해주고 싶었는데 막상 ○○을 만났을 때는 세 번째 보는 건가, 셈하느라 잊어버렸다. ○○은 무엇이든 같이 도모할 수 있겠다 싶은, 흙과 물의 수용성을 가진 사람이었다. 그가 안내하는 대로 고이화 해녀의 생가였던 곳에 짐을 풀고 준비해준 톳

김밥을 먹었다. 오전에 해녀들이 물질을 했다는 말에 내 몸이 발끝부터 반응했다. 당황스러웠다. 바람일까, 공기 중의 물일까. 그들의 피로감이 알 수 없는 경로를 통해 내게 전달되었다. 오늘 안 되면 내일도 있으니까요. 말은 그렇게 하고 서로 웃었지만 가까이에서 느껴지는 ㅇㅇ 몸의 표정은 다른 메시지를 전하고 있었다. 물 가까이에서는 감정의 전도율이 높아진다. 미미하게 발산되는 몸의 기억, 감정을 읽자니 내일도 수월하게 진행될 것 같진 않았다. ㅇㅇ에게 보낸 짧은 소개 글이 예언이 된 것 같았다.

이 짜고 축축한 여성들은 올 수도 있고 안 올 수도 있다. 와서 웃을 수도 있고, 돌아서며 찡그릴 수도 있다. 과격하거나 잔잔할 수도 있다. 지쳤을 수도, 아무 의미가 없다고 여길 수도 있다. 정확한 시간, 장소, 의도의 초대에 그들은 응하지 않는다. 그건 마치 물을 가두려는 시도. 하여 조심조심 찰랑이며 기다릴 것이다. 말이 물이 되거나 물이 말이 될 수 있을까 하며.

바다 가까이에 있다는 전시 공간으로 나갔다. 바다가 보이지 않아도 거기 그냥 있다는 걸 알 수 있었다. 기척이 진하다. ㅇㅇ은 평소 물질 도구를 보관하는 한 해녀의 창고를 금채기에 빌려 전시 공간으로 사용 중이었다. 궁금했던 작가들의 작품과 ㅇㅇ의 영상 작업, 「내가 헤엄치는 이유」 앞에서 잠깐 걱정을 잊었다. 영상에는 물색과 하늘색이 가득했다. 그 앞에서 스르르 어떤 말들이 누출되는 시간을 느꼈다. 전시 공간의 검은 돌 주변으로 바람과 냄새가 들락거렸다. 하나의 이미지가 다른 이미지로 이어지고, 서로가 서로에게 관여하는 방식으로 전시장의 작품들은 물빛의 연속체를 이루고 있었다. 그들은 오지 않을 모양이었다. 바다처럼 그들도 저기 어딘가 있을 것이다. 손에 연필을 쥐는 일 자체가 어색하고 불편한 이들의 언어와 연결해볼 다양한 상상적 도구들을 고심하고 밤새워 준비해왔으면서도 어쩐지 나는 그들이 이곳에 와서 내가 기획하고 가리키는 방향으로 움직이는 걸 정말 원하지는 않고 있었다. 물빛 연속체에 둘러싸여 있자니 알 것 같았다. 마음에서 한 문장이 부풀었다. 당신들의 목소리가 크고 카랑한 곳에서 만나야 한다. ○○과 나는 짧은 대화 끝에 그들이 있을지도 모르는 마을 회관으로 향했다.

막간: 다른 질서가 지배하고 있다. 물이라는 몸.
    고전적 질서의 관점에서 보면 무질서하다고도 할 수 있다. 우리는 그 몸을 다시 무질서하게 쓸 수 있다. 신은 물의 언어에 속하지만 그 언어는 신에게 이름을 주지 않는다. 오직 물의 몸을 가진 여자를 단 한 번 부른다. 한 번만. 그 한 번이 계속 돌아온다. 한 여자에서 여자들로.

공기에 매달린 물방울들을 느끼며 몸의 구멍들을 조금 닫아둔다. 그렇게 하고 있다고 느끼면서 실제로는 해녀들의 제주 방언에 귀를 기울였다. "들어라: 나는 너를 있게 한다. 그러니 나를 있게 하라."* ㅇㅇ과 나를 연신 의식하면서 자기들끼리만 말을 주고받는 그들의 몸은 열린 듯 닫혀 있다. 섬에 도착한 지 고작 서너 시간, 습기 때문에 몸의 경계가 흐물흐물해진다. 둥그렇게 둘러앉은 해녀들 틈에서 조용히 녹아내려도 이상할 게 없겠다. 그때 그 꿈처럼. 병실에서 몸의 윤곽이 지워지려 할 때마다 내가 아는 가장 생생한 검은색으로 만들어진 해녀의 고무옷을 떠올리곤 했다. 검은 옷을 벗은 해녀들 사이에서 실수로라도 말이 내 쪽으로 새거나 흐를까 기다린다. 물을 많이 마셔야 해요. 얼마나요? 약이 소변으로 다 빠져야 하니까 계속 마시도록 하세요. 나는 물을 아주 많이 마셔야 한다, 라고 냉장고 문에 써뒀다. 하지만 얼마나 많이? 가능한 한 많이. 물에 떠밀려 화장실에 가고, 화장실에서 졸고, 물은 넘치고 잠은 모자라는 날들이 계속되었다. 잠과 잠 밖을 잇는 길이 수관(水管)이 된 것 같았다.

오줌이 자꾸 마려워 잠을 깨.
자기 전에 물을 많이 마시니까 그렇지.
내 옆에 앉은 해녀와 그 옆의 해녀도 오줌 이야기를 한다. 물 이야기이기도 하다. 무슨 말인지 알아듣겠냐고,

*클라리시 리스펙토르,
『아구아 비바』, 민승남 옮김,
을유문화사, 2023, 39쪽.

옆 해녀가 눈짓을 한다. 대충 알아들었어요, 하고 웃자니 갑자기 오줌이 마려웠다. 걸음마를 떼고부터 엄마 따라 바다에 들어가서 떠 있다가 가라앉다가 조급히 나아가려 했던 한 소녀는 물속에서 소변을 보는 버릇이 이불까지 따라왔다고 했다. 50대가 된 소녀는 지금도 종종 꿈에서 오줌을 싸고 이불을 숨긴다고 했다. 쉬— 꿈에서도 입으로 그러고 있어. 그런 이야기를 하고 싶다. ㅇㅇ과 눈이 마주치자 입이 마른다. ㅇㅇ이 물질을 배우고 해녀가 되려는 걸 반대하는 이들이 있다고 했다. 저들 중에? 나는 서툴게 살피고 그들은 노련하게 감춘다. 경계심을 낮게 깔아둔 시선과 나를 피해 서로에게만 닿는 꼬장꼬장한 말투에 몸이 밀리고 눌린다. 귀만 겨우 열어놓고 있다. 외국어나 다름없는 문장 속에서 짧은 하나를 건져 올린다.

고랑은 몰라 마씀.
의미는 나중에야 도착한다. 말로 해서는 몰라.

준비해온 대화는 시작조차 하지 못했다. 회관에 들어서는 순간 다 잊어버렸다. 얼마간 초조하던 마음이, 쩔쩔매던 두 손이 어느 시점부터는 평온해졌다. 서서히 그런 생각도 들었다. 초조하고 쩔쩔매는 이가 늙은 해녀들이 아니라 나여서 다행이다. 그들이 경계심을 쉽게 풀어주지 않아서, 섬과 섬 밖의 이들을 차갑게 구분해서, '우리'에

나는 없어서 몸을 조심히 물리면서도 뒤따라오는 새로운 관계적 상상과 몸의 위치가 반가웠으니 마음은 물리지 않은 셈이다. 좀체 여지를 주지 않던 그들이 그래도 막다른 곳으로 몰지는 않고 물길 하나 열어주듯 내게 어디에서 왔냐 묻던 그 순간을 시작점으로 삼기로 했다. 물 안에 물이 있는 것처럼 말 안에 말이 산다. 다음에는 그 안에 사는 말에 조금 더 가까워지고 싶었다. 이건 진심이었다. 말로 해서는 모릅니다. 그러니까 말 말고 물로. 잠시 ㅇㅇ의 마음에 닿은 듯한 착각이 들었다. 물질을 배우고 싶어 하는 ㅇㅇ. 몸의 말을 배우고 싶어 하는 나. 물이든 말이든 기다려야 한다. 우리는 어떤 외면과 경계로 출렁거리는 해녀들의 회관에서 정중하게 물러났다. "거울의 깊은 곳이 비어 있음으로 이루어져 있음을 이해하는 사람"(127)처럼.

막간: 결코 대체되지 않으면서 계속 자리를 바꾸는 것은?

몸이 물에 녹는 꿈속에서 받은 질문의 답을 돌아가는 비행기에서 떠올렸다. 창밖으로 하늘의 것인지 바다의 것인지 모를 파란색이 펼쳐지고 구름이 흐른다. 저 부푼 물의 변신, 하늘의 메두사. 클라리시 리스펙토르가 처음 생각했던 물은 부드럽게 오고 가는 물이 아니라 거품이 생명처럼 부글거리는, 마찰과 모순적인 운동으로 살아 있는 물이었다.

가방에 물소리만 잔뜩 채워 돌아온 지 얼마 지나지 않아 ㅇㅇ이 검은 고무옷을 입고 해녀들과 바다를 향해 앉아 있는 사진을 보냈다. 나도 모르게 낮은 탄성이 샜다. 여전히 얼마간은 불편한 채로 그들의 마음을 살피며 함부로 어떤 때를 결정하지 않으려 애쓰는 ㅇㅇ이 그려지다가 흐릿해졌다. 그럴 때 ㅇㅇ은 동그란 두 섬을 닮았다. 두 섬이 바짝 닿으면 ∞가 된다. 생각할 수 있는 가장 큰 수보다 더 커지고 있는 상태. 우리가 무한대의 물로 다시 만날 수 있을 때 "말할 수 없는 것들"(87, 140)을 거품이 나도록 씻어낼 것이다. 두 개의 동그란 섬과 무한대의 물을 오가며 부글거리는 시간을 창조하는 것. 그러니까 우리가 대화라고 하는 건.

말이 말을 삼키고 말을 삼킨 말을 또 다른 말이 삼키고 말을 삼킨 말을 삼킨 말을 또 다른 말이 삼키고… 계속 삼켜진 말들은 물이 된다. 거기 몸을 담그고 경계가 녹는 순간에 우리 "사랑받는 무한"*을 놓치듯 잡아볼까요?

*Cixous, "L'approche de Clarice Lispector," Poétique 40, 1979, pp. 412-413.

고독의 결과

쓰시마 유코, 『빛의 영역』

> 여자들만의 문자(뉴슈, 女書)가 있던 나라가
> 있었다.
> 남자들은 읽을 수도, 쓸 수도 없었다.
> ─김혜순, 「여자들만의 문자」

가능한 한 자주 도망쳤다. 지금까지의 삶을 한 문장으로 표현해보라는 요청에 그렇게 답한 적이 있다. 무엇으로부터? 질문한 사람은 70대 초입의 일본인 남자였다. 그와 동갑이라는 아내가 옆에서 그의 팔을 툭 건드렸다. 실례잖아요. 나는 괜찮다는 의미로 웃어 보였다. 새해 일출을 보러 가자는 친구를 따라 한 해의 마지막 날 교토에서 기차를 탔다. 친구가 일하는 비영리 단체에서 인연

을 맺은 후 매년 서너 번 방문한다는 고베의 일본인 노부부 집에 도착하자마자 그들을 도와 오세치(おせち, 신년 음식)를 찬합에 담고 식탁을 정리하니 저녁 시간이었다.
　노부부는 다른 가족이 없는 모양이지?
　있었는데 다들 없어졌어.
　기차에서 노부부에 대해 물은 것도 들은 것도 그게 전부였다. 대신 친구가 덧붙였다. 우리도 그런 사람들이 잖아. 친구의 일본어가 유려해질수록 한국어는 삐걱거렸으므로 말을 잘못했으려니 여겼다. 우리에게도 그런 사람들이 있다고? 그것도 그렇고. 무엇으로부터 자주 도망쳤냐는 연이은 질문에 그 말들이 떠올랐다. 있다가 없어지는 것으로부터요.

어쩌다 쓰시마 유코가 대화 한복판으로 밀려 들어왔는지는 기억나지 않는다. 이름을 듣자마자 "그의 아버지에 대해서는 말하지 않기!" 하고 내가 두 팔을 번쩍 들어 X 자를 크게 만들자 모두 와르르 웃던 순간은 선명하다. 장애학 전공자인 친구가 다운증후군을 갖고 있었던 쓰시마 유코의 오빠에 대해 이야기했고, 남성 노인은 그가 잃은 어린 아들에 대해(아들을 잃고 쓴 『밤의 빛에 쫓겨』도 함께) 말을 꺼내놓고 망설이다가 아내에게 순서를 빼앗겼다. 70대 부인은 어머니 이시하라 미치코의 삶과 유사해진 딸 유코의 삶을 안타까워했다. 내게 쓰시마 유코는 1인칭 '나'와는 다른 화자, 4인칭 '나'의 계승자였다.* 신을 대신해 발화하는 샤먼처럼 유동성을 가진 화자. 4인칭 '나'는 타자와 연루되는 방식의 유사성 안에서 구전 문학의 화자부터 버지니아 울프의 소설 속 자유간접화법의 주체까지 연결한다. 한국의 판소리에서도 4인칭 '나'를 발견하고 마음이 끌린다던 쓰시마 유코에 대해 이 고베의 4인칭 '나'들은 이곳이 굿판인지 소리판인지 모르게 이야기를 옮기고 있었다. 지금껏 그랬듯이 이번에는 교토 친구 집으로 도망쳤던 건데 처음 만난 일본인 노부부와 쓰시마 유코를 친한 사람 이름인 양 부르며 고베에서 새해를 맞게 되리라고는 전혀 예상하지 못했다.

그의 작품에 등장하는 애도의 방식이 물을 닮았다는 데 동의하며 잔에 물을 채우다가 자정을 알리는 시계 종소리를 들었다. 미처 흘려보내지 못한 기억과 사람들이 거실 괘종시계의 12라는 숫자에 딱 걸려서 체한 기분이 든 것도 잠시, 새해에는 새로운 빛을, 지승에게도 1년 내내 하얀 빛의 기운이 함께, 하는 덕담이 오가자 주변이 환해졌다. 정해진 수순처럼 그 제목이 등장했다. 『빛의 영역』. 내게는 제목만 익숙한 작품이었다. 부인이 좋아하는 작품인지 달라진 눈빛으로 이야기하는 소설 속 '나'

*쓰시마 유코, 『나』, 유숙자 옮김, 문학과지성사, 2003, 5-9쪽.

의 별거, 어린 딸, 욕망, 꿈, 계단, 죽음 등이 그림처럼 펼쳐졌다. 그 눈을 보고 있자니 일별한 적도 없는 글에 홀릴 수도 있겠구나 싶었다. 일출을 보려면 잠깐 눈을 붙이는 게 좋겠다고 여성 노인이 일어섰을 때 나는 그에게 허둥지둥 물을 뻔했다. 그래서 '나'는 살아가나요? 빛 속에서는 보이지 않는 것들을 보며 계속 살아가게 되나요?

'나'의 운명을 알게 된 건 그로부터 한참 후의 일이다. 1978년부터 79년까지 문예지 《군조》(群像)에 연재한, 쓰시마 유코에게 노마문예신인상을 안긴 『빛의 영역』이 번역되어 마침내 닿은 것이다. 쓰시마 유코가 세상을 떠난 지 7년 후, 고베 노부부의 소식을 못 들은 지 8년째 되는 해에. 떠난 자들이 남은 자들에게 새긴 깊은 자국, 의미를 바꿔놓는 언어, 이름 없는 감정들과 오류의 감각에 내가 서서히 적응하는 동안 그 책이 조금씩 나에게 오고 있었다고 상상하니 마음이 이상했다. 나는 이제 그런 식으로는 도망치지 못한다. 어느 쪽이 더 나쁠까. 버티면서 망가지는 것, 도망치면서 삭제되는 것. 안다. 그게 다는 아니다.

책을 앞에 두고 쓰시마 유코가 그리는 화난 얼굴과 슬픈 얼굴이 잘 구별되지 않는 여성들을 떠올린다. 그의 글에서는 여성의 공간과 심리, 언어가 강력하게 묶인다. 아버지의 집, 남편의 집, 언어의 집에서 추방되어 '실존적 홈리스 상태'에 놓이는 여성의 삶이 『빛의 영역』에도 등장한다. 남편과 별거하며 혼자 어린 딸을 키우게 된 '나'가 벽마다 창이 있는 4층 집에 깃든 이유를 짐작하기 어렵지 않다.

> 어둡고 좁은 집을 여기저기 보러 다니면 다닐수록 남편의 모습은 내 뇌리에서 사라지고, 들어간 집의 어둠 속에서 동물의 눈이 내뿜는 듯한 빛을 느끼기 시작했다. 거기엔 나를 노려보는 무언가가 있었다. 무서웠다. 하지만 동시에 가까이 다가가고 싶었다.*

'나'는 남편 호시노와 같은 이름의 빌딩에 딸아이와 단둘이 들어가 살면서 이혼 전까지 때때로 그 빌딩의 주인으로 오해받는 걸 방관한다. 그 오인이 남편 없는 불안한 삶에 어떤 안정감을 주었음을 '나'는 부인하지 않는다. 그러면서도 완전히 가시지 않는 불안감이 어떤 가능성으로 변모하길 기대하는데, 시간이 흐를수록 4층 집은 두 살배기 딸과 '나'에게 뚜렷한 가망 없이도 귀중한 첫 번째 공간이 된다. 서툴고 어린 모녀가 빛으로 조명해야 하는 것과 어둠에 그대로 두어야 할 것을 스스로 선택하게 되는 1년여의 기록. 쓰시마 유코는 특유의 봄밤 같은

---

*쓰시마 유코, 『빛의 영역』,
서지은 옮김, 마르코폴로, 2023, 19쪽.

문체로 어떤 고통의 성별은 여성이라고 쓴다.

먼저 집을 나간 것도 남편이고, 빚이 많아 양육비를 줄 수 없다고 일방적으로 통보하는 것도 남편이지만 주변 사람들에게 그는 별거를 당한 피해자로 인식되며 '나'는 '여자 혼자 절대로 잘 살 수 없다'는 말을 태연하게 하는 이들에게 어떤 대꾸도 하지 못한다. 「빛의 영역」부터 「빛의 입자」까지 총 열두 장으로 이루어진 연작 곳곳에서 1970년대 일본 사회의 가난한 '싱글맘'에 대한 인식과 가부장제에 억눌린 평범한 여성의 곤경이 읽힌다. 싱글맘이 된 '나'의 일상은 고요한 재난이다. 혼자인 '나'의 엄마와 '나', 어린 딸이 모계 가족 구도를 형성하는 순간 쓰시마 유코의 자전적 경험이 잠깐 포개졌다 사라진다.

> 쓸쓸한 엄마 인생에 나와 딸의 쓸쓸함을 더하는 일은, 아무리 그곳에 커다란 평온이 있다는 걸 알아도 외려 더욱 두려웠다(67).

아버지/남편이 빠진 모녀의 강력한 이자 관계에서 고무되는 여성의 자기 인식은 제니 오필의 『사색의 부서』, 엘레나 페란테의 『잃어버린 사랑』 등에서 보이는 상처 입은 여성 내면의 철학적이고 문학적인 조명과 현대 모성의 균열에까지 연결된다. 때로 비윤리적이고 무능하며 충동

적이고 욕망에 이끌리는 이 불완전한 어머니들의 초상은 전형적인 모성상에 균열을 내고 폐쇄적 공간인 가부장제의 집을 변화가 생성되는 공간으로 대체한다.『빛의 영역』에서는 생명체처럼 움직이는 빛, 색, 소리, 물 등이 4층 모녀의 집을 열린 공간으로, 그것들을 흡수하고 내뱉으며 숨 쉬는 여성의 몸으로 표상하는 데 일조하고 있다. 여성이 소유할 수 없는 외부, 그 외부의 이질적 존재로서 쓰시마 유코는 글쓰기라는 행위를 통해 자신만의 빛과 어둠의 영역을 확보한 셈이다. 새로운 언어는 종종 그런 곳에서 탄생한다. '나'의 어린 딸처럼.

> 오른편 하늘 위로 눈부신 빛이, 생명을 가진 존재처럼 뭉게뭉게 퍼져, 그 주변으로 아직 꺼지지 않은 두 번째 폭발에서 태어난 빛이 선명한 붉은색을 띠고 있었다. 거리도 하늘도 온통 붉었다(185).

탄생과 죽음은 한 몸이어서, '나'는 그즈음 일어나는 멀고 가까운 죽음에 자신을 연관시킨다. 남편과의 법적 정리를 앞두고 자기 "삶에서 확실히 잃어버리게 되는 존재의 거대함에 압도"(184)당한 어느 새벽 연속적인 폭발음을 듣게 되고 시시각각 달라지는 하늘빛을 목격하며 하늘이 원래의 어둠을 되찾을 때까지 아이와 함께 기다리다 잠이 든다. 아침에 눈을 뜬 '나'의 내면에 빛의 뜨거움과 힘이 들어차 있다. 얼마 후 모녀는 남편/아버지의 성이 붙은 건물을 떠나 새로운 거처를 얻는다. 길가로 난 창문으로만 유일하게 빛이 들어오는 북향의 방이 있는 집. 붉은 석양과 푸른 어둠이 차례로 모녀를 감싸는 풍경을 상상하며 나는 안심했다.

어쨌든 저기 어딘가 해가 있다는 거잖아?
그날 우리는 일출을 보지 못했다. 바다도 하늘도 잔뜩 흐렸다. 사람들이 삼삼오오 무리를 지어 서서 불을 피우고 한 손에 김이 올라오는 컵을 든 채 수평선으로 시선을 모았다. 노부부와 우리는 신경 써서 동그라미를 만드는 것처럼 서서 지난밤에 끊긴 이야기를 드문드문 이어가며 차를 나눠 마셨다. 일출이 아니라 기다림을 기다리는 사람들 같았다. 하늘과 바다가 여전히 흐린 가운데 일출 시간이 되자 사위가 조명을 밝힌 것처럼 환해졌다. 당연한 한편 이상한 일이었다. 쓰시마 유코에게도 당연하며 이상한 일이었다고 했다. 언어 구사가 힘들었던 오빠와 어떻게 그토록 편안하고 풍부한 소통이 가능했는지는. 그가 천착했던 '언어와 인간의 관계'는 어릴 적 오빠와의 경험에서 출발했다. 많은 것이 불편함 없이 둘 사이를 오고 갔다고 그는 회고했다. 오빠가 죽자 둘 사이를 오가던 것도 죽었다. 그건 대체 무엇이었을까. 빛이거나 소리, 나무껍질, 웃음, 물 같은 것이었을까. 언어의 힘을 믿고 언어에 의지해 글을 쓰기 시작하는 많은 작가들과 달리 쓰시마 유코의 글쓰기는 언어의 불능성에서 움텄다. 그로부터 공포와 환희를 동시에 투과하는 빛의 영역에서 산란하는 언어에 닿기까지 누군가는 평생이 걸릴 테고 또 다른 누군가는 한 번 더 살아야 할지 모른다.

『빛의 영역』에서 '한 명의 인간이 겪은 고독의 결과'로 '나'가 갖추기를 바랐던 능력은 보이지 않는 무언가를 보는 것이었다. 그때는 몰랐지만 이제는 아는 이야기의 끝. 끝의 시작을 이시하라 넨의 소설로 잇는다. 쓰시마 유코의 딸이기도 한 그의 첫 소설 『붉은 모래를 박차다』에 제일 먼저 줄을 그은 문장을 빛 삼아.

"엄마 듣고 있어? 나는 […] 살아갈 거야."*

*이시하라 넨, 『붉은 모래를 박차다』, 박정임 옮김, 페이퍼로드, 2023, 151쪽.

한쪽 눈만 감고 잠이 들면

찬쉐, 『황니가』

토끼는 5분에 한 번씩 눈을 깜빡인다고 했다. 사람이 1분에 20회 정도 깜빡이는 것에 비하면 거의 감지 않는 거나 다름없다. 약하니까요. 눈을 깜빡이는 순간이 위험에 노출되는 순간이다. 내 굳은 표정을 보고 적의 접근을 재빨리 알아채야 해서, 라고 그가 굳이 부연했지만 실은 약하니까요, 부분에서 이미 나는 토끼나 다름없이 눈을 깜빡이지 않으려고 애를 쓰는 중이었다. 이야기가 왜 토끼로 뛰었나 생각하면서. 정확히는 토끼는 눈을 뜨고 잠이 든다는 이야기로 뛴 것인데, 시작은 두 눈을 다 감지 않고 잠이 드는 사람에 대한 소문이었다. 한쪽 눈만 감고 잠이 들고 꿈을 꾼다는 사람.

보통 토안 증세, 토끼눈증이라고도 합니다.

눈 주변 근육이 약해지거나 선천적으로 눈이 크거나 튀어나온 경우 눈꺼풀이 눈 전체를 덮지 못해 눈을 뜨고 자게 된다는 설명이 뒤따랐다. 내가 들은 소문의 사람이 가진 증상과는 차이가 있었다. 토안증은 대부분 아래 흰자위가 조금 보이는 정도이다. 그러니까 그건 눈과 눈 주위의 문제로 일어난다. 내가 들은 한쪽 눈만 감고 잠이 드는 사람의 문제는 다른 곳에 있었다. 처음에는 눈을 깜빡이는 횟수가 개나 고양이처럼 1분에 2, 3회로 줄었다고 했어요. 내가 설명했다. 그러다가 한쪽 눈에 노출성 각막병증이 생기면서, 왼쪽 눈이었다고 한 것 같은데, 그 눈만 감은 채 생활하다 보니 잠도 그대로 자게 되었다고 하더라고요.

정말 눈 한쪽을 뜨고 잔다고요?

한쪽만 감는다고 했으니 그 말이 그 말이겠죠?

그 사람 혹시 조류인가요?

조상에 대해서는 물어보지 않았어요. 어쩐지 실례일 것 같아서.

언제부터요?

작년 12월 초부터라고 했던 것 같은데….

그러자 이제야 모든 의문이 풀렸다는 듯이 그는 아, 하고 빈 종이에 빠르게 무언가를 써 내려갔다. 소설 한 부분을 인용한 것처럼 큰따옴표로 시작한 글이었다. 서너 줄 이어 쓰던 문장에 직직, 소리 내 줄을 긋더니 몇 글자만을 남긴 종이를 내게 넘기며 처방전입니다, 했다. 두 눈을 모두 감고 잠들지 않는 사람을 위한 것인지, 나를 위한 것인지 알 수 없어서 나는 몇 초 더 기다렸다. 이미 내게서 시선이 떠난 그는 검은 그을음이 묻어 있는 벽 거울 앞으로 걸어가고 있었다. 죽은 생선 같은 눈을 크게 뜨고 무언가를 변별하려고 애쓰는 그가 거울에 비쳤다. 나는 재빨리 처방전에 남은 글자로 눈을 돌렸다. 황니가. 어딘가에서 흙냄새가 났다.

복수하지 않으면 벗어날 수 없어

제설용 흙과 미처 녹지 않은 눈이 서로에게 막 스며드는 참이었다. 찬쉐(殘雪)라는 필명에는 모든 이름이 그렇듯이 몇 가지 미묘한 뉘앙스 차이를 가진 의미가 붙는다. '녹지 않고 남아 짓밟히는 눈'과 '산 정상에 남은 깨끗하고 순수한 눈', 영어로는 의지가 조금 더 섞여서 '녹기를 거부하는 더러운 눈'으로 번역되기도 한다. 세상에 와 남는 방식을 떠올린다. 선택할 수 있는 문제인지는 여전히 잘 모르겠다. 무언가와 섞여서 단일한 정체성을 잃고 더럽혀진 채로 살아갈 것이냐, 깨끗하고 순수하게 외떨어져 남을 것이냐는 이미 정해진 운명의 꼬리와 연결된 문제가 아닐까. 그러면서 한쪽 눈을 뜨고 잠이 든다와 한쪽 눈만 감고 잠이 든다 또한 현실에 남는 방식이면서 둘은 완전히 다른 선택일 수도 있음을 떠올린다. 사람들이 이 이름을 듣고 여성의 것이라고 잘 생각하지 않아요. 찬쉐가 말했다. 내 경우 오히려 여성이 아님을 상상하기 힘들다. 몇 번은 복수를 결심해본 적도 있었으나(가장 강력하고 구체적이었던 복수의 심상은 아버지가 돌아가신 직후의 것이었다) 찬쉐처럼 복수를 하지 않으면 벗어날 수 없다고 말할 만큼의 사건을 품고 있지는 않았다. 복수의 마음. 되갚음, 받은 것을 돌려주겠다는 마음은 무언가를 되찾아 오겠다는 마음과 같다. 한쪽 눈을 감고 잠드는 사람에 대한 소문이 한쪽 눈을 뜨고 잠드는 사람의 소문과 일단은 같다고 치자. 달라질 수도 있다. 분명한 건 아무것도 없다.

  찬쉐의 첫 번째 중편소설 『황니가』를 처방한 이는 내가 그것을 이미 어떤 무의식의 치료약으로 사용한 적이 있다는 걸 몰랐다. 죽음을 떠올릴 수밖에 없는 생존 상황에서 찬쉐가 시도한 두 가지 방향의 구제는 비위가 상하는 장면마다 나를 붙들었다. 똥 냄새가 진동하는 꿈의 장면들마다 녹기를 거부한 하얀 눈이 섞여 빛나고 있었다고 해야 할까. 찬쉐는 중국의 지배적인 이데올로기와 그것을 향한 남성 중심적 반동의 입장 사이에 위치하며 그 두 가지에 대해 이중으로 전복적인 의미를 갖는다.

모옌, 위화, 쑤퉁 등 1985년경 등장한 실험적 전위 문학파에서 유일한 여성 작가인 그의 싸움은 필연적이었다. 전통적인 방식의 글을 쓰는 다른 여성 작가들과의 차이도 그를 주변화했다. 그의 작품을 "여성적 광기의 헛소리"라고 비판하는 전위 문학 비평가들의 가부장적 태도에 찬쉐는 또 다른 작품들로 반박해왔다. 복수는 끝나지 않았고 나는 그가 작품을 쓸 당시 재봉사로 일하면서 생계를 유지했고 동시에 아이를 양육했다는 사실을 기억했다. 조각난 시간들을 바느질하는 것처럼, 부스러기 시간을 모아 동그랗게 뭉치는 것처럼 하루에 길어야 30분씩 글을 썼다는 사실도. 『황니가』 속 꿈과 현실의 불투명한 경계는 그에게 일상적인 사건이었던 셈이다.

오염되고 감염되는 존재의 악취

한쪽 눈을 뜨고 잠을 자면 뇌 한쪽은 깨어 있다. 새들은 어떤 위험한 상황에 즉각적으로 대응하기 위해 그렇게 한다. 잠자지 않은 반쪽 뇌가 피로해지면 다른 뇌와 불침번을 바꾼다. 이중 구조의 뇌가 잘 발달했기 때문에 가능한 일이다. 항상 그런 것은 아니고 적의 공격이라는 스트레스 상황에서 발견되는 현상이다. 그들에게 적은 분명하다. 나에게는 그렇지가 않다. 돌고래와 바다표범도 반만 잠을 잔다. 그들의 이유는 적이 아니다. 자면서도 물 표면으로 올라와 호흡을 해야 하기 때문이다. 숨을 쉬기 위해서다. 소문을 떠올린다. 한쪽 눈만 감고 자는 사람에게는 어떤 이유가 있을까. 그날 이후 매일 일어나는 일이 비이성적이다. 초자연적인 제의와 다를 바 없는 종교 집회가 이어진다. 규범적인 광기가 독려된다. 이 모든 것이 일상적인 요소이자 사건이다. 안심할 수 없다. 꿈도 현실도. "사람들의 마음이 예전 같지 않아요. 갈수록 망가지고 있다고요"(61). 황니가 주민 중 한 사람이 한 말에 현실 쪽에 불이 켜진다.

어떤 글을 환상적이라거나 몽환적이라고 돌멩이 내려놓듯 말하는 사람의 현실이 궁금했던 적이 있다. 너무도 현실적이어서 광기마저도 슬픔을 강하게 몰아세우는 여성 작가의 글들이 주로 그런 게으른 평을 받았다. 그런 글일수록 합리성의 범주를 넓히면서 세계를 실재와 가깝게, 현실적으로 그리고 있었다. 속한 세계와 현실이 달라서라는 걸 이제는 안다. 누군가는 자기 현실을 표현하기 위해서 다른 언어나 다른 세계가 필요하지 않은 것이다. "수많은 흔적이 이미 문제의 본질을 잘 설명해주고 있어"(121). 화가 난 치 아줌마의 말에 줄을 긋는다. 처방을 받고 1년 만에 다시 들여다본 황니가에서는 지금의 현실로 강력하게 경험하게 되는 일들이 일어나고 있었다.

소문의 사람이 한쪽 눈을 뜨고 잠든 지 3개월이 지나고 있었고, 꿈이 현실로 새어 나오거나 현실이 꿈으로 침입하는 상황에 즉각적으로 대응하고 싶었던 그의 바람은 이루어지지 않았다는 소식이 연이어 들려왔다. 그의 꿈과 현실이 상호 오염되어 무르고 썩어갔다. 황니가의 사건들은 "어느 날은"이라고 시작했다. 이곳의 사건들도 그렇게 시작되었다. 어느 날은 군인이 도심으로 출동했다, 어느 날은 봉쇄와 체포, 사형 계획이 불발되었다. 어느 날은 있었던 모든 일이 취소되었다. 어느 날은 괜찮았지만 어느 날은 이제 어떻게 살아가야 할지 생존과 철학의 고통이 동시에 찾아왔다. 사라지고 아프고 미치는 사람들이 늘어났다. 악취 가득한 익명의 편지가 매일 꿈 입구에 도착했다. 잠이 깨도 냄새는 사라지지 않았다.

서로를 반영하는 조각들

그것은 내란이었다. 이웃들의 냉담함으로 가족과 자신을 키운 외할머니가 사망했고 찬쉐는 학교를 그만두었다. 그가 경험한 억압적 시간은 무의식적 공간을 열고 황사가 날리는 뿌연 거리를 짓고 몸과 마음이 상한 사람들을 연결했다. 10년*이 지나며 복수의 대상이 모호해졌다. 피해자와 가해자의 경계는 흐릿하거나 지워졌다. 피해자

*1966년부터 1976년까지
중국에서 문화대혁명이
일어났다.

사이에서도 가해자가 있었지만 그가 피해자가 아닌 것은 또 아니라서 복수의 화살은 허공을 향하거나 희미한 경계 안으로만 떨어졌다. 유일하게 화살이 선명하게 향하는 곳은 태양, 잘못 결정하고 잘못 실행하는 위치뿐이다. 많은 사람들이 터무니없는 음모로 죽었다. 10년은 긴 악몽이다. 이곳의 3개월을 떠올리면 너무도 긴 악몽이다. 황니가 주민들이 믿거나 믿지 않는 현상, 미친 동물들, 벌레들, 배설물, 무너진 집 등은 10년이 남긴 역사적·정신적 상흔들과 관계한다. 그것들은 부서진 거울 조각들처럼 서로의 상처를 반영한다. 깨어 있지도 그렇다고 완전히 잠들지도 못하는, 한쪽 눈만 감은 상태의 주민들 사이에 내가 있다고 한들 이상할 게 없다. 트라우마가 육체를 얻는다. 어떤 마음은 너무 쉽게 무효화되고 한쪽 귀가 사라지는 육체적 고통은 혼란스럽게 유효하다.

고통은 여성들에게 더 집중된다. 치 아줌마, 쑹 아줌마, 위안쓰의 아내, 왕 공장장의 아내, 미치광이 양싼의 엄마, 치얼거우 아내… 그들은 밤새 바람이 목을 자르는 꿈을 꾸거나, "꽃게처럼 집 안을 이리저리 기어다니면서 못 쓰는 천과 해진 신발을 전부 모아 벽에 난 틈새를 막"(312)았다. 찬쉐가 자신의 이성이 남성 지식인들처럼 사변적인 게 아니라 실천적이며 감성과 일체화된 무엇이라고 말했을 때 꿈의 파수꾼들은 모두 퀴어일 거라고 막연하게 생각했다. 어쩌면 왕쯔광도. 상상할 수 없는 이들에게 그런 존재는 사라지거나 애초에 실존하지 않았던 인물이 된다. 틈새는 어쩔 수 없이 자꾸 벌어진다. 기괴함은 우리가 분리되어 있다고 믿는 영역들의 융합으로 발생한다. 기괴함이 진보다. 안전하게 분리되어 있다는 믿음을 철회하면 조금은 달라진 세계를 발견할 수 있다.

삶을 향한 의지의 원천을 다 말려버릴 기세였던 겨울을 지나 봄이다. 악몽은 계속된다. 이 비체의 거리에서 그들은, 우리는 어떻게 다시 태어날 수 있을까. 한쪽 눈을 뜨고 자던 사람의 소문이 더 이상 들려오지 않는다. 황니가에서처럼 매일의 날씨가 우리가 의지할 수 있는 유일한 운명 같다. 이 바람이 우리 목을 날리고, 이 먼지가 경계선을 모두 뿌옇게 지우고, 이 비가 기억에 구멍을 뚫는다.

봄에서 이상한 냄새가 계속 났다. 그래도 다행인 건 눈을 감으면 아무 소리도 들리지 않았다.

모든 계절 속의 겨울

앨리 스미스, 『겨울』

> [⋯] 길 잃은 외로운
> 작은 아이입니다. 페르세포네여,
> 그녀의 머리를 당신의 무릎 위에 안고
> 그녀에게 말해주십시오. "아가야, 아가야, 여기는
> 그렇게
> 무서운 곳이 아니란다"라고.
> ―에드나 세인트 빈센트 밀레이, 「D.C.
> 기념비」

1년 중 가장 긴 밤을 지나고 나면, 흐려지는 어둠과 살아나는 빛이 동맥과 정맥처럼 겨울의 심장으로 이야기들을 실어 나른다. 꿈과 신화의 계절은 오래된 이야기로 조금 더 산다. 오후 4시쯤 해가 뚝뚝 떨어지는 영국의 겨울이라면 꿈도 신화도, 어쩌면 후회도 더 길지 모른다. 많은 죽은 것들 가령, 꽃의 유령 같은 것이 긴 밤 기회를 놓칠세라 우리에게 와서 몸을 열어 자리를 마련하라고 자꾸 요청하기도 한다. 어느 해 겨울, 내가 그곳에서 유령을 만난 건 그래서 조금도 이상하게 느껴지지 않았다. 산 사람의 시선과 죽은 사람의 시선이 서로를 만나는 오염의 순간에 내가 본 것은 빛의 쇠퇴만이 아니라 빛의 귀환이기도 했다. 그런데, 누가 죽었나요? 그 계절에 내가 가장 자주 받은 질문이었다.

전형적인 겨울 이야기인 찰스 디킨스의 『크리스마스 캐럴』(1843)을 유독 긴 후회의 겨울밤, 언 심장을 녹이는 유령 이야기로 읽었다. 디킨스의 작품 속 악함이나 분노, 부드러움과 관대함을 공통적으로 담고 있는 듯한 앨리 스미스의 『겨울』은 많은 죽은 것들의 영혼이, 꽃의 유령이 우리 안에 들어오는 상상을 권하며 시작한다. 그렇지만 "이건 유령 이야기가 아니"(15)라는 반어적 선언이 뒤따르고, 많은 죽은 것들 가운데 적어도 아직 죽지 않은 것들이 하나둘 숨소리를 낸다. 봄에서 겨울까지가 아니라 가을에서 여름까지여야 하는 이야기를 몇 편 알고 있다. 우연이어도 슬픈, 우연이어서 슬픈 이야기이다. 사람들은 같은 세상에 살고 있지만 서로 분리되어 있고, 각자의 세계는 서로 어긋나거나 부서져버렸다. 『겨울』 속 겨울은 기후 변화로 눈도 없이 정체성을 잃어가고 있다. 계절은 순환하지만 그 순환이 언제까지나 지속되지 않으리라는 불안이 슬픔으로 이어진다.

영국에서 '브렉시트 국민투표'가 실시된 2016년 6월 이후 앨리 스미스는 같은 해 『가을』을 출간하며 긴급하게 대응한다. 이 세계의 혼란을 문학적으로 조망한 사계절 연작은 1년 후 『겨울』로 이어진다. 『겨울』은 작품을 관통하는 주제를 비롯해 가족, 예술, 정치에 관한 독특한 관점과 몇 가지 기법을 『가을』과 자연스럽게 공유한다. 모든 계절의 관계와 다르지 않다. 계절들은 독립적이되 서로 연결되어 있고 매 순간 어떤 시의성을 반영한다. 『여름』이 출간될 즈음에는 브렉시트가 팬데믹이라는 더 시급한 문제에 자리를 내준다. 『겨울』의 서두에서 중심이 되는 할복한 아이의 머리 이미지는 『가을』의 에두아르 부바가 파리 뤽상부르 공원에서 포착한 낙엽을 두른 아이와 연결된다. 『가을』에서 그 뒤통수는 "슬픔, 끔찍함, 아름다움, 우스움, 무서움, 어둠, 빛, 매력, 동화, 민화, 진실"*로서 우리를 다른 세계로 안내하고, 『겨울』에서는 유령처럼 움직이는 머리 이미지와 포개어진다. 머리는 춤추는 유령 같은 존재였다가, 스크루지의 유령 방문자들처럼 점점 돌덩이처럼 변하는가 싶더니 바버라 헵워스의 조각을 닮은 형상이 된다.

*앨리 스미스, 『가을』, 김재성 옮김,
민음사, 2019, 22쪽.

바버라 헵워스를 처음 내게 소개한 사람은 그와 같은 왕립예술학교를 졸업했지만 추상 조각은 여전히 잘 모르겠다고, 묻지 않은 이야기를 길게 설명하는 버릇으로 주변에 알려진 사람이었다. 혼자 사는 60대 여성인 그를 나는 좋아했다. 묻지 않는 이야기를 길게 하고 싶은 마음을 오래 참았기 때문이었을 것이다. 계속 이어지는 그의 이야기를 나는 내가 하는 말처럼 들었다. 한참 후에야 『겨울』의 소피아와 그가 닮은 구석이 많다고 생각했지만 당시에는 이 낯선 곳의 "머리 없고 얼굴 없고 이름 없는 수수께끼 같은 단서들"(165)에 지친 나를 그의 빤하고 뻔하며 길고 긴 이야기가 곧잘 안심시켰다. 스미스는 각 계절마다 여성 예술가를 소개하는데, 『겨울』의 바버라 헵워스는 "물리적 우주와 인간 세계가 어떻게 함께 연결되고, 또 갈라지는지를 알고 있"*는 현대 조각가이다. 콘월 지역의 지형에서 영감을 받아 고대의 것을 떠올리게 하는 그의 작품은 스미스에 따르면 세상이 엉망이 될 때 우리가 붙잡을 수 있는 무언가를 준다. 그 60대 여성 역시 내게 붙잡을 수 있는 긴 문장들을 연신 로프처럼 건넸던 건지도 모른다는 생각이 든다. 우연히 그의 작업실에 들러본 후에야 나는 그가 실은 꾸준히 작업을 해온 조각가라는 걸 알게 되었다. 그가 만든 머리들은 모두 가난해 보였다.

---

* Peter Saenger, "Novelist Ali Smith Finds Art for All Seasons," *The Wall Street Journal*, September 25, 2020, https://www.wsj.com/articles/novelist-ali-smith-finds-art-for-all-seasons-11601057144.

그해 겨울을 통과하는 길은 하나뿐이었다. 『겨울』은 그렇지 않다고 말할 수 있겠다. 강렬한 정치적 우화로도, 전형적인 겨울 이야기의 변형으로도 보이는 『겨울』은 기이한 가족극이 중심이 되는 셰익스피어 희극의 길로 들어섰을 때 제일 재미있다. 『가을』이 『템페스트』의 날개 아래 쉴 수 있었다면 『겨울』은 『심벨린』에 기대 그렇게 했다. 로마의 속국이 된 브리튼의 왕이 딸 이노젠의 남편을 추방하면서 속임수와 권력 게임의 혼란이 시작되는 이야기인 『심벨린』은 셰익스피어의 마지막 희곡들 중 하나로, 오인된 정체성, 길을 잃고 다시 찾는 인물들로 가득하다. 『겨울』이 그런 것처럼. 60대의 은퇴한 사업가 소피아 클리브스의 저택에서 잘린 머리가 18세기 조각상들을 산산조각 내는 초반이야 그렇다 해도, 심야의 교회 종소리가 여러 번 반복되며 소피아에게 난입하는 기억과 엘비스 프레슬리와 찰리 채플린, 엘리자베스 테일러 등이 등장하는 영화가 은유적으로 연결되는 데까지 와도 이 기묘한 콜라주의 주된 재료조차 확신하기 어렵다. 크리스마스를 맞아 소피아의 아들 아트가 여자친구 샬럿인 척 연기해줄 럭스와 함께 소피아의 저택에 도착하고, 30여 년 연락을 끊고 살던 아이리스와 소피아 자매가 크리스마스에 재회하게 될 즈음에야 이 소동극이 대체 어떻게 끝날지 흥미진진해지기 시작한다. 너무 많은 기억과 얼어붙은 현실 때문에 『겨울』은 영하에서 얼음 분자 한 층이 녹는 속도로 더디게 튜닝된다. 그런데, 누가 죽었는데?

누군가 나를 돕고 사랑하고 보살펴주리라는 어린아이의 넘치는 자신감으로 가득 찬 듯한 질문들이 가끔 나를 당황스럽게 만들었다. 곤란한 표정에도 연신 누가 죽었냐고 묻던 그 남자는 미국의 그 트럼프를 닮았던 것 같다. 한번은 누군가 그런 것 같다고 농담조로 이야기했는데 그는 전혀 기분 나빠하지 않았다. 오히려 약간 턱을 치켜들며 의기양양한 표정을 지으면서 말했다.
"그런 사람은 언제나 있었어. 그리스 비극에도 나오고, 셰익스피어 극에도 나와."
스미스였다면 분명 그의 말을 말장난으로 활용해 다른 의미를 갖게 했을 것이다. 말장난의 효과 중 하나가 오래된 의미를 바라보는 새로운 방법을 획득함으로써 말이 얻는 다른 지위라고 할 수 있다면, 스미스 특유의 말장난은 다른 지위로 변하는 말의 상승과 하락으로 점화되는 겨울 불빛들을 연상시킨다. 단어를 들고 뒤집고 쪼개는 데 능숙했던 셰익스피어의 말장난이나, 구체적으로는 『크리스마스 캐럴』에서 유령이 데리고 다니는 소녀와 소년의 이름이 각각 결핍(Want)과 무지(Ignorance)인 것과 유사한 예시들을 『겨울』에서도 어렵지 않게 발견할 수 있다. 가령, 동생 소피아에게 신화

쟁이라 비난받는 혁명가 아이리스의 별명은 이레(Ire, 분노)이고, 소피아의 아들 아서(Arthur, 기사)는 아트(Art, 예술)로 더 자주 불리며, 아트의 여자친구 샬럿을 대신하게 된 럭스(Lux, 빛)가 도착한 콘월 저택의 이름, '체 브레스'(CHEI BRES)는 코니시어로 '마음의 집'이다.

좀 더 진중한 말장난은 인물들이 직접 시도한다. 셰익스피어의 『심벨린』에 대해 소피아와 럭스가 느낀 다른 면을 보자. 소피아에게 『심벨린』이 "혼돈과 거짓과 권력 싸움과 분열의 독살과 자기 독살에 사로잡힌 왕국 얘기"(297)였다면, 럭스에게는 영국에서 공부하겠다고 마음먹은 결정적 계기로 작용했다. 즉, "이렇게 광적이고 쓸쓸한 혼란과 난투를 작품 말미에 이르러 이리 우아한 것으로 바꿔놓을 수 있다면, 균형이 바로잡히고 거짓이 모두 폭로되고 그간의 손실이 모두 보상되는 결말을 지어낼 수 있다면"(298), 그런 곳이라면 괜찮을 거라고 럭스는 믿었던 셈이다. 그랬던 럭스가 자취를 감춘 후 그가 말한 『심벨린』 판본을 찾는 과정에서 아트는 "독살, 쓸쓸한 난투, 균형의 회복에 관한 그 작품 […] 거짓은 폭로되고. 손실은 보상되는"(469) 작품이라며 소피아와 럭스의 감상을 섞어 그럴듯하게 자기 것으로 포장한다. 그의 이름이 '아트'이기 때문에 나는 언젠가 지넷 윈터

슨과의 인터뷰에서 스미스가 한 말을 떠올린다. "당신은 예술에 위로받기 위해 오는가, 새로운 피부를 얻기 위해 오는가?"*

럭스는 스미스의 소설에 자주 등장하는 익숙한 인물 유형이다. 진실되고 지혜로운 존재로 스미스의 페르소나처럼 느껴지기도 한다. 그는 가짜뉴스와 비밀, 거짓말을 꿰뚫어 보고, 주변 인물들을 변화시킨다. 아트가 럭스가 보았다던 『심벨린』 판본의 꽃 자국과 마주한 건 우연이 아닐 것이다. 럭스의 표현 속에서는 언뜻 환영처럼 느껴졌던 그것. "모두가 한 편의 동일한 연극 가운데에, 같은 세계의 와중에 있고 결국 한 이야기를 이루고 있다는 걸"(298) 알아볼 수 있게 하는 표식. '꽃의 유령이 남긴 자국'은 말한다. 우리가 이 세계에 어떻게 함께 있는지, 보이지 않던 빛(럭스)을 발견하는 게 얼마나 놀라운 일인지, "신화나 다름없는 캐나다 솔새"(434)를 목격하는 일보다 더. 꽃의 기억으로 봄의 징후를 찾는 사람들이 있었다. 사소한 대화에서 드러나는 모든 위계에 민감했던 한 사람은 무엇이 됐든 경계를 넘어오는 망명의 소리에도 민감한 시인이었는데 한국에 돌아온 후에야 그가 캐서린 맨스필드와 닮은 하관을 갖고 있다는 걸 알게 됐다. 스미스가 그의 책에 실을 서문을 쓰는 데 4년이 걸렸다는 이야기를 줌으로 하다가 문득, 닮았네 했다.

*Jeanette Winterson, "A Short Shock to Sentiment," *The Times*, April 25, 2003, https://www.thetimes. co.uk/article/a-short-shock-to-sentiment-527jdj0fg23.

마지막 장에 이르면 겨울은 한여름에 침입하고, 바버라 헵워스의 돌들의 구멍을 거듭 통과하는 것처럼 자꾸 다르게 회상된다. 그래서 누가 죽었는데? 모든 계절에 겨울이 있었다. 거짓이 드러나고 상실은 보상된다. 순환과 재생의 질문으로, 무한한 과거의 원천으로 겨울은 다시 신화가 된다. 누구(무엇)의 신화를 믿을 것인지 아직 결정하지 못한 사람에게는 스미스의 말을 마지막으로 남긴다. 꽃의 자국처럼.

"나는 주변부에서 자랐고 그 가치 전부를 물려받았어요. 내가 살아오며 읽은 모든 것을 통해 알게 된 사실은, 가장자리에서 비범한 일들이 일어난다는 거예요. 변화도, 의식도, 마법도(더 나은 단어가 없네요) 전부 가장자리에서 일어나죠. 모든 가능성은 가장자리에 있어요."*

* Adam Begley, "Ali Smith, The Art of Fiction No. 236," *The Paris Review* 221, Summer 2017, https://www.theparisreview.org/interviews/6949/the-art-of-fiction-no-236-ali-smith.

모녀, 다중 우주의 타자들

대니얼 콴·대니얼 샤이너트, 「에브리싱 에브리웨어 올 앳 원스」

"그러니까 모녀의 화해라는 게 우주 전체가 협조해야 가능한 일이란 거잖아?"

영화관을 나서며 우리는 웃었다. 미처 관계의 파편들을 수습할 새도 없이 정신이 아득해졌다가 현실로 돌아오는 신호와 같은 말이었다. 다양한 장르와 영화적 레퍼런스, 유려한 영상미와 코미디 요소까지 놓치지 않은 영화적 시간 끝에 동행과 내가 쥔 문장에는 조금의 과장도 없었다. 사실이었다. 엄마와 딸이 감정의 굴절 없이 마주 보는 일. 성운이 팽창하고 별이 궤도를 비틀고 아주 멀리서 혜성이 지나가야만 가능한, 실로 우주의 조율을 요하는 프로젝트였다. 이 세상에 엄마와 딸이 존재한 이래 번번이 어긋나면서도 좀처럼 놓을 수 없던 감정의 물살, 뜨거운 냉기, 늘 준비되어 있는 눈물을 우리는 너무 잘 알고 있었고 우리만큼 잘 아는 다른 여자들을 또한 기억하고 있었다.

모녀 서사는 여성이 글을 읽고 쓰기 전부터 다양한 방식으로 기록되었다. 주방의 연기 속에, 냄비 바닥의 그을음에, 손바느질의 옹이진 땀에, 엄마의 화장대 거울에, 아이의 열을 식히던 젖은 수건 위에 그 이야기는 쓰였다. 때로는 침묵의 속기로 전해진 이야기를 어머니의 어머니가 기억했고, 딸의 딸이 그 위에 또 다른 계절을 얹었다. 단지 공적인 기록으로 남겨지지 않았을 뿐 인류의 가장 오래된 문장을 이 이야기에서 꺼내 쓸 수 있다. 기록된 서사들은 이와는 다른 방식으로 흘렀다. 신화와 서사시, 경전, 전통 서사는 아버지와 아들의 이야기로 세상을 설명했다. 어머니와 아들의 이야기를 희생과 성스러움으로 덧칠한 기록들에서 모녀는 누락되었는데 이는 너무 사소한 일이어서 한동안 누구도 눈치채지 못했다. 변화는 그 배제와 삭제가 결코 사소한 일이 아님을 인식하는 데서 시작되었다. 딸들에게 모성이 더 이상 운명이 아닌 사유의 대상이 되었다.

가부장제 아래 훈육된 엄마와 "집 안의 천사"가 되길 거부하는 딸의 관계 구도에도 필연적인 변화가 일어났다. 새로운 언어가 꿈틀거리고 있었다. 1970년대 중반 이후 모녀 서사는 페미니즘 정신분석학자들에 의해 정신분석의 언어로 번역되었고 모녀 관계와 모성 담론을 새롭게 구성한, 이제는 고전이 된 관련 연구서들이 연이어 출간되었다. 에이드리언 리치, 낸시 초도로, 멜라니 클라인, 뤼스 이리가레, 쥘리아 크리스테바 등 그들의 사유는 조금씩 달랐지만 모녀 관계야말로 복원해야 할 여성 유대의 경험이라는 주장은 공통적이었다. 그리하여 모녀는 생물학적 관계에 머무르지 않는다. 쓰고 읽는 여자들이 다른 이야기를 짓는 작업, 이름 모를 여성들 간의 끊어진 사슬을 다시 엮는 작업이라는 삶의 공통적 경험으로 모녀 관계는 확장된다.

근래 어머니에게서 딸에게로 세습되는 트라우마, 모녀 관계에 영향을 주는 가부장제 구조, 모녀 사이의 정서적 갈등과 화해 모색 등과 관련된 서사와 다양한 장르적 모색이 활발해진 일련의 현상은 새로운 근원과 관계를 갈망하는 여성 자아의 출현과 관련이 있다. 한편으로는 '엄마' 외의 타자를 믿기 어려운 신자유주의 시대의 경쟁 구도와 허무주의의 영향도 무관하지 않을 것이다. 이유야 어떻든 다양한 모녀 서사를 접할 수 있게 된 건 무척 기쁜 일이다. 모녀 관계는 전형성 안에서 울렁거리고 차이 안에서 불안해진다. 우리는 우리를 비춰볼 더 많은 이야기가 필요하다. 「에브리싱 에브리웨어 올 앳 원스」(이하 「에에올」) 같은 이야기 말이다.

데메테르-페르세포네 모녀 신화

엄마(에블린)와 딸(조이)은 영화에서 가장 역동적이고 복잡한 관계를 맺는다. 둘의 서사는 흥미롭게도 여러 다른 모녀 서사와 연결되거나 포개어지며 나아간다. 모성과 창조의 원형 신화로 알려진 데메테르 신화와의 연결도 그중 하나이다. 오이디푸스 신화가 아버지-아들 관계와 주체화에 관한 오랜 비유였다면, 엄마와 딸은 데메테르 신화를 모성과 창조의 원형으로 가진다. 신화의 주요 내용을 보자. 제우스와 결탁한 지하의 신 하데스가 페르세포네를 납치한다. 페르세포네는 제우스와 데메테르의 딸이다. 아버지 제우스가 독단적으로 저승의 신에게 딸을 교환 대상처럼 지불한 것이다. 데메테르는 돌연 사라진 딸을 절박한 심정으로 찾아 헤맨다. 대지의 신이자 농사의 신인 데메테르가 딸을 찾아다니느라 모든 땅의 생명을 등한시하자 신에게 바칠 제물이 동이 나고 이에 여러 신들이 중재에 나서면서 페르세포네는 데메테르

곁으로 돌아온다. 그러나 모녀의 기쁜 재회도 잠시, 지하의 법에 따라 페르세포네는 1년 중 4개월을 데메테르와 헤어져 지하에서 지내게 된다. 그렇게 매년 딸을 보내고 슬픔에 빠진 데메테르가 땅을 돌보지 않아 겨울이 되고, 4개월 후 딸과 재회하며 세계를 품으니 봄이 되었다는 이야기이다.

『호메로스 찬가』 속 「데메테르 찬가」는 상실 이후의 회복을 기록한다. 데메테르는 딸을 되찾은 후 인간에게 주는 은밀한 기쁨의 선물로 엘레우시스에서 비밀 종교 의식을 집전한다. 이 신비로운 의식은 볼 수 없는 것을 보여주고(vision), 죽은 자의 길에서 살아남은 자들이 서로를 알아보는 순간을 허락한다. 데메테르는 인간의 삶에 "기쁘게 살아갈 이유"뿐만 아니라 "더 나은 희망을 품고 죽을 이유"를 나란히 건넨다. 딸 페르세포네가 지하와 지상 즉 죽음과 삶을 오갈 때 데메테르는 그 분할된 세계를 의식을 통해 하나로 연결한다.* 죽음과 삶은 검은 원의 한가운데 하얀 원처럼 혹은 그 반대의 모양으로 공존하는 어떤 우주의 윤회. 「에에올」에서 어머니와 딸이 '에브리 베이글' 신전 앞에 서 있는 장면은 엘레우시스 의식의 또 다른 차원(멀티버스)처럼 느껴진다. 모든 것을 집어삼킨 베이글과 구글리 아이즈가 음과 양처럼 세계의 원리로서 포개지는 그 설정은, 삶과 죽음을

---

* 이 점에 대해서는 에이드리언 리치가 탁월한 분석을 해놓았다. "이 신비로운 비밀의식의 진정한 의미는 가부장제의 분열이 이들을 완전히 갈라놓은 것처럼 보여도 이처럼 죽음과 탄생을 다시 통합했다는 사실이다"(에이드리언 리치, 『우리 죽은 자들이 깨어날 때』, 이주혜 옮김, 바다출판사, 2020, 196쪽).

통합하는 데메테르의 의식만큼이나 흥미롭다.

부재하는 어머니와 딸들의 죄책감

시몬 드 보부아르는 『제2의 성』(1949)에서 모녀 관계를 사유하며, 대개 엄마가 딸을 자신의 또 다른 자아로 인식함으로써 자신이 바라던 모습과는 다른 존재로 자라난 딸을 있는 그대로 받아들이지 못하게 된다고 지적한다. 자신을 사랑하기 힘든 시대와 환경, 경직된 교육 속에서 자란 엄마가 그리는 딸의 모습은 종종 자신이 이룰 수 없었던 욕망의 대리에 가깝다. 딸이 그걸 안다 해도 곧장 자유로워지는 것은 아니다. 엄마를 향하는 모든 대응이 쉽지 않다. 그들은 대개 에블린처럼 '사랑'과 '옳음'으로 무장해 있으므로. 조부 투파키는 "'옳음'은 두려워하는 자들이 만들어낸 좁은 상자야. 그 상자에 갇히는 기분은 내가 알지"라고 대응했지만 조이는 후반부에 이르러 결국 그 상자 안에서 숨죽이며 살아온 딸들의 공통 죄책감을 발설한다.

"엄마는 뭐든 될 수 있고 어디든 갈 수 있잖아. 왜 그런 곳으로 가지 않는 거야? 엄마 딸이 이렇지 않은 곳으로 말야."

보통은 언어 없는 상흔으로 상속되는 이 죄책감은 딸들을 살아 있는 엄마뿐만 아니라 세상에 없는 엄마와도 연결한다. 『프랑켄슈타인』의 작가 메리 셸리는 자신을 낳고 산욕열로 사망한 메리 울스턴크래프트의 묘비명을 보며 글을 익혔다. 『여성의 권리 옹호』를 쓴 영미 최초의 근대적 페미니스트, 메리 울스턴크래프트는 출산 열흘 후 세상을 떠난 이후에도 딸의 삶 전반에 강력하게 연결된 채 존재한다. 메리 셸리는 그런 엄마를 자랑과 기쁨으로 여기면서도 엄마의 사상과 가치를 자신이 훼손할까 봐 두려워하며, 자기 삶의 선택이 엄마의 사상과 멀어질 때마다 무거운 죄책감을 느꼈다. 『프랑켄슈타인』의 크리처(괴물)는 엄마 없이 외부의 욕망과 내부의 두려움으로 조립된 메리 자신을 표상한 것이라고 볼 수도 있다.*

브라질 작가 클라리시 리스펙토르의 상황은 조금 더 복잡하고 슬픈 결을 띤다. 그의 어머니 마리에타는 병을 앓고 있었고, 아이를 가지면 병이 나을 수 있다는 미신을 믿고 리스펙토르를 임신한다. 그는 훗날 자신이 "그렇게 아름다운 방식으로 출산을 위해 예정되었"고, "신중하게 창조"되었다고 썼다.† 그러나 마리에타는 딸을 낳은 후 오히려 병세가 깊어져 세상을 떠난다. 리스펙토르의 나이 열 살 때의 일이다. 그는 어머니를 살리는 소명을 다

---

* 메리 셸리와 메리 울스턴크래프트 각각의 삶을 교차해 보여주면서 모녀의 관계성을 다룬 『메리와 메리』는 어머니의 삶이 그가 부재한 상황에서도 딸의 삶과 어떻게 중첩될 수 있는지를 잘 보여준다(샬럿 고든, 『메리와 메리』, 이미애 옮김, 교양인, 2024).

† Benjamin Moser, *Why This World: A Biography of Clarice Lispector*, Oxford: Oxford University Press, 2009, p. 28에서 재인용.

하지 못한 자신을 평생 용서할 수 없었고, 그의 삶과 글에 내내 들러붙던 죄책감에 저항하지 않았다.

리스펙토르의 작품에는 자신이 어머니를 잃은 나이인 열 살 전후의 소녀들이 종종 등장한다. 그들에게는 어머니가 없다. 어머니 없이 자라는 소녀들은 법을 이리저리 위반해보며 세상을 배워간다. '타자의 작가'라고 불릴 만한 그의 작품 속 타자들이 가끔 자신이 기억하는, 하반신을 쓰지 못하고 고통받던 엄마를 닮은 건 우연이 아니다. 『G.H.에 따른 수난』 속 바퀴벌레에 관한 묘사에서도 엄마의 육체적 고통을 읽을 수 있다. 이처럼 어떤 모녀 서사는 엄마 없이 딸의 기억과 죄책감을 동력으로 거듭 쓰인다. 엄마는 부재함으로써 지나치게 많이, 어디에나 존재한다. 저메이카 킨케이드의 『내 어머니의 자서전』 역시 카리브해 지역의 아프리카 디아스포라 여성이 자기 역사와 부재하는 엄마의 이야기를 포갠 결과물이다.

딸의 분노와 자기 파괴

조이는 이민 1세대인 에블린이 많은 걸 희생했다는 걸 안다. 엄마가 자신의 욕구를 억압하며 헌신해온 사실을 딸인 자들은 모른 척하기 어렵다. 고맙고 미안하지만 그 감정이 엄마의 기대감을 충족하는 일을 돕지는 못한다. 엄마를 계속 실망시키면서 딸은 죄책감과 분노를 양손에 각각 쥐게 된다. 어머니가 가부장제의 피해자이자 동시에 억압자라는 사실 앞에서 딸의 감정은 자주 방향을 잃고 선택되지 못한다. 엄마를 탈출시킬 수 없다는 무력함과 엄마를 미워하는 자신을 용서하기 힘든 마음, 그리고 미움 한가운데 자리한 아주 근원적인 사랑 때문에 딸은 자신의 분노를 자기 비난과 자기혐오로 자주 치환한다. 1983년 마샤 노먼에게 드라마 부문 퓰리처상을 안긴 『잘 자요, 엄마』는 이 전환된 분노가 슬픔을 동반한 무기력이나 자기 파괴적 선택으로 치달으며 어긋난 모녀 관계가 만들 수 있는 최악의 상황을 우리에게 보여준다. 딸 제시의 대사에서 「에에올」 조이의 무기력하고 차가운 분노를 느낄 수 있다.

"나 역시 아무것도 할 수가 없어요. 내 인생을 바꿀 수도, 더 의미 있게도, 그저 이만하면 쓸 만하다 느끼게조차 못해요. 아무것도 못해요. 그러나 내가 꺼버릴 수는 있어요. 막을 내려버리는 거예요. 듣고 싶지 않은 게 나올 때 라디오 끄듯이 말예요. 이게 내가 할 수 있는 전부예요. 꺼버리는 것, 그건 내 맘대로 할 수 있어요."*

딸 제시는 자신이 자살할 것을 암시하고 엄마 멜마는

* Marsha Norman, *'night, Mother*, The American Repertory Theatre in Cambridge, 1983, p. 26.

의도적으로 그것을 외면하면서 진실과 점점 멀어진다. 90분 동안 이어지는 극 대부분은 자신이 바라는 어떤 것도 가질 수 없고 몸까지 아픈 제시가 유일하게 자기 선택권을 실행할 수 있는 '그 일'을 수행하기까지 어머니 델마와 나누는 대화로 채워진다. 오랫동안 자신의 감정과 딸의 감정을 동일시하며, 자신이 좋으면 딸 역시 좋은 거라고 믿었던 델마는 딸의 마음을 마지막까지 이해하지 못한다. 결국 총소리가 무대를 흔든다. 「에에올」도 그렇게 끝날 수 있었다. 조부 투파키는 "모든 걸 파괴하려 만든 게 아니야. 날 파괴하려던 거지. 들어가면 드디어 탈출할 수 있을까 하고. 죽을 수 있을까 하고"라고 베이글을 만든 이유를 설명한다. 처음 그를 다중 우주를 위협하는 절대 악처럼 소개하던 장면을 떠올리면 이렇게 말할 수도 있을 것 같다. 엄마에게 이해받지 못한 딸은 전 우주에서 오해받는 존재가 되고 만다.

어떻게 엄마가 그래? 엄마라서 그래

엄마의 구속과 억압, 폭력에서 벗어나는 방편 중 하나로 딸은 결혼을 고려하기도 한다. 이성애 규범의 세계에서는 예사로운 일이다. 그러나 「에에올」의 조이처럼 남성과의 결혼을 상정할 수 없는 퀴어 딸들에게는 결혼이 선택지가 될 수 없다. 레즈비언인 딸은 다른 남성과의 관계를 통해 모녀 관계를 재설정하는 선택 자체가 차단되어 있으므로 이 경우 엄마가 딸에게 더 강력한 영향력을 발휘하게 된다. 엄마의 인정과 이해가 더 중요해질 수 있다는 의미이기도 하다. 앨리슨 벡델의 『당신 엄마 맞아?』(2019)에서 10대도 아닌 앨리슨이 그렇게까지 엄마의 인정에 집착하는 건 그 때문이다. 벡델의 자전적 이야기이기도 한 이 그래픽 노블은 퀴어 딸-엄마의 강박적일 정도로 예민한 모녀 서사이자 여성 관계 중심의 정신분석학 입문서이다.

벡델은 책에서 자신과 어머니의 관계를 버지니아 울프의 그것에 비춘다. 울프가 처음 정신 이상 증상을 겪은 건 엄마가 세상을 떠난 직후였다. 열세 살에 엄마를 잃은 그는 마흔다섯에 『등대로』를 쓴 이후에야 엄마로부터 벗어날 수 있었다고 고백한다. 벡델은 울프의 문장을 인용하며, 자신 또한 언젠가는 '어머니'에 대해 써야만 한다고 스스로를 독려한다. 그것이 자신을 받아들이는 여성 작가의 통과의례라도 되는 것처럼. 그렇게 그는 깊이 침잠해 있던 기억의 파편들을 의식 위로 끌어올린다. 엄마 헬렌에게 입체적인 표정을 부여하면서, 그의 삶을 재구성해나가는 동시에 자신을 이해하기 위한 긴 여정을 시작한다.

내가 엄마에게 얻고자 하는 것이 다만 엄마에게 있지 않을 뿐이었다. 그건 엄마 잘못이 아니었다. 그걸 엄마로부터 끌어내지 못한 것도 내 잘못은 아니다.*

벡델의 엄마 쓰기는 반사된 자기 서사이기도 하다. 반면 김혜진의 『딸에 대하여』는 '딸 쓰기'가 곧 엄마의 '자기 쓰기'가 된 경우이다. 소설이 진행되는 동안 '딸에 대하여' 이루어지는 서술은 점차 '엄마에 대하여' 말하게 된다. 엄마인 '나'는 경제적 이유로 레즈비언 딸, 그리고 딸의 동성 연인과 동거를 시작한다. 불안하고 불편한 날들이 이어지면서 셋의 삶은 불가피하게 섞이고 각자가 홀로 감내하던 혐오와 배제, 폭력의 경험 역시 가시화된다. 세상에는 다양한 사람들이 있고 각자 살아가는 방식이 다르다고 말하던 엄마가 유독 딸의 상황만은 예외로 고집하길 반복하자 딸은 폭발한다. "엄마라면서!" 엄마도 지지 않는다. "엄마니까!" 작품은 1인칭 화자인 엄마의 내적 변화를 주요하게 좇는다. 다중 우주에서 딸의 퀴어 정체성을 경험한 에블린의 변화가 필연적인 것처럼, 엄마와 딸의 화해는 다른 관계들과 달리 감정의 회복이나 갈등의 봉합을 지향하지 않는다. 그것은 각자의 죄책감으로부터 서로를 해방시키는 사건이다. 둘의 포옹이 다중 우주 속에서 충돌과 붕괴, 새로운 세계의 탄생을 불러온 거대한 연쇄 폭발이었음을 기억하자.

* 앨리슨 벡델, 『당신 엄마 맞아?』, 송섬별 옮김, 움직씨, 2019, 294-295쪽.

유일하게 엄마보다 힘이 센 것, 글쓰기

내면화된 가부장제의 가치와 자유롭고자 하는 욕망 사이 그 어디쯤에서 연신 분열하는 엄마는 딸에게 모순적인 이중 메시지를 꾸준히 발신한다. 너는 나처럼 살지 말고 훨훨 날아. 그렇다고 너무 멀리 가지는 말고(또는 그런 너는 곧 나니까). 이 모순은 엄마의 몸짓과 침묵, 눈빛으로 반복되며 딸들은 그 앞에서 양가적 감정에 시달린다. 그 감정을 자기 파괴의 에너지로 삼는 이들도 있지만 어떤 딸들은 그 감정을 자기 창조의 에너지로 전환한다. 마르그리트 뒤라스에게 글쓰기는 "유일하게 엄마보다 힘이 센 것"이었다. 소피 카르캥은 『글 쓰는 딸들』에서 20세기 프랑스를 대표하는 작가 뒤라스, 보부아르, 콜레트와 그들의 어머니가 어떻게 삶과 작품 속에서 복잡하게 얽혀 있는지를 탐구한다. 책에서 우리는 지나치게 냉정하거나 교묘하게 억압적이거나 안쓰럽게 집착하는, 제각기 다른 얼굴의 엄마들을 만날 수 있다. 엄마도, 모성도 결코 하나의 이미지로 환원되지 않는다.

예컨대 토니 모리슨의 『빌러비드』(1987)는 흑인 노예 여성들이 겪는 이중적 억압이 그들의 모성을 왜곡하는 양상을 잘 보여준다. 모리슨은 백인의 폭력으로부터 자식을 보호하기 위해 직접 자식을 살해해야만 했던 노예 어머니의 트라우마를 깊이 응시한다. 노예 상태의 고통과 기억이 남긴 트라우마는 흑인 딸들에게로 상속되며, 흑인 여성의 모계적 전통과 모녀 관계를 백인의 것과는 다르게 구체화한다. 백인 지배담론 아래 왜곡되는 흑인 모성과 모녀 관계의 강렬한 사례인 셈이다. 모리슨은 여성이 자아 인식의 근간을 어머니에게서 발견한다고 믿었다. 그처럼 많은 여성 작가들이 작품 안에서 모녀 관계를 다루거나 때로 엄마가 상실했던 목소리를 되찾아주려는 시도를 멈추지 않는다. 딸에게 엄마는 슬픈 "원형이자 예고된 형상"*이다.

샹탈 아케르만의 마지막 영화 「노 홈 무비」(2015)에 등장하는 엄마도 그런 존재였다. 말을 아끼지만 말보다 더 많은 것을 전하는 존재. 폴란드 출생의 홀로코스트 생존자인 나탈리아는 브뤼셀의 소박한 아파트에서 살아간다. 아케르만은 그 일상을 다큐멘터리로 담는다. 엄마는 수용소에서 겪은 일을 결코 발설하지 않는다. 말은 여기에서 불가능하거나 불완전하다. 최근 번역된 『브뤼셀의 한 가족』에서도 그는 엄마의 침묵을 언급한다. 침묵으로 시간을 견딘 엄마와 그 침묵을 상상으로 견디는 딸. 인간의 상상은 최초의 10개월 동안 내 몸이 다른 몸과 연결되어 있다는 것, 내가 타자의 일부일 수 있다는 연결의 감각으로 시작되었을 것이다. 「노 홈 무비」에서 아케르

---

*피에르루이 포르, 『어머니와 딸, 애도의 글쓰기』, 유치정 옮김, 문학과지성사, 2024, 26쪽.

만과 나탈리아가 스카이프로 나누는 길고 정적인 대화 사이사이에 그 상상이 자리한다. 대화는 거의 정지 상태에 가깝더라도. 말해지지 않은 모든 것, 말해질 수 없었던 것이 거기 있다. 영화 촬영이 끝난 뒤 엄마는 세상을 떠난다. 상실을 견디지 못한 아케르만도 스스로 사라진다. 어떤 모녀 서사는 엄마와 딸의 잇따른 죽음으로 끝난다. 살아남은 모녀들이 그 서사를 이어간다. 끊긴 문장과 침묵이 꽉 찬 페이지를 손가락으로 더듬으며.

엄마와 딸은 두 개의 원이 포개어진 형태로 처음 만났다. 원 속의 원, 원 밖의 원이었다가 하나의 원이 다른 원을 상실하면서 모녀 서사는 시작된다. 이야기는 삶과 죽음이 맞닿는 자리에서 엄마와 딸이 서로를 비추는 방식으로 열리고, 그들이 자신을 잃지 않고 재결합되는 방향으로 나아간다. 모성에 들러붙은 오랜 환상을 재전유하거나 섣부른 봉합을 시도하며 모녀 관계를 전형화할 위험이 언제나 따르지만 엄마와 딸, 모성과 죄책감에 대해 지속적으로 이야기할 수밖에 없는 이유는 모든 여성에게 특히 여성 창작자들에게 엄마(mother)는 생애 첫 타자(m'other)이며, 그와의 관계에서 비롯된 실패와 균열, 잔존하는 기억이 우주만큼 넓고 복잡한 영향을 우리 삶에 남기기 때문이다. 그것은 하나의 기원이자 오래된 망각의 장소이다. "모든 여성은 그 안에 모든 여성들을 품고 있"*고 모녀 서사는 그 관계를 오래된 리듬으로 전하는 이야기이다. 그렇더라도 관계 자체는 쉽지 않다. 상실에 대한 두려움과 상처받은 만큼의 위악, 증오, 도피, 외로움, 허무 등이 떠돌이별처럼 모녀의 궤도를 맴돌며 언제든 충돌하거나 멀어질 준비를 한다. 그러니까 과장이 아니다. 모녀가 화해하는 데는 정말로 우주의 긴밀한 협조가 필요하다. 우리는 먼 기억의 동요를 흥얼거리다가 정말 과장이 아니라니까, 하고 웃었다.

---

*Clarice Lispector, *The Apple in the Dark*, New York: New Directions, 2023, p.187.

3부

타자와 기억

무언가에 가까이 가기 위해, 살고 싶었기 때문에, 같은 연인을 만났던 사람들처럼 우리는 모호한 친족 관계의 언어들을 공동으로 길러냈다. 물 옆에는 뱀이 있었고, 이야기는 지도와 가까웠으며 죽음은 어머니로부터 이식되어 잘 자랐다.

고통이 기억으로 번역되지 않도록*

캐시 박 홍, 『마이너 필링스』

> 우리가 누리고 있는 쾌적한 생활의 대가를
> 지불해야 하는 아시아와 아프리카 여성들, 이런
> 여성들과 우리 사이에는 확실히 폭력적인 간극이
> 존재한다. 그 간극이 과연 "우리 모두 같은
> 여성이고 가부장제의 희생자"라는 마법 같은
> 한마디로 사라지는 것일까?
> ―오카 마리, 『그녀의 진정한 이름은
> 무엇인가』

봄이 더뎌 목련도 꽃잎을 쉽게 열지 않았다. 어느 날 우리가 '그해 봄'이라고 절반의 고통과 절반의 환희로 떠올릴 시간이 흐르다 멈추고 겨우 다시 흐르기를 반복하고 있었다. 몸이 먼저 움직이고 언어가 뒤따르던 시간이

---

*Theresa Hak Kyung Cha,
 DICTEE, Berkeley: University of
 California Press, 2001, p.140.

었다. 광장으로 가는 길목마다 높고 낮은 목련이 새 부리처럼 꽃잎을 오므린 채 때를 기다리고 있었다. 저래도 금방 피고 진다. 내 시선 끝을 좇던 행인이 지나가며 말했다. 손에 든 태극기와 성조기, 걷는 방향을 봐서는 같은 봄을 기다리는 사람은 아니었다. 도시에서 사건이 벌어지는 장소마다 나무들이 슬픈 목격자처럼 서 있었다. 어느 날은 정말 사람처럼 보이기도 했다. 전례 없는 일들이 하루가 멀다 하고 밤잠을 앗아 갔지만 봄은 어쨌거나 봄. 밤사이 목련이 달빛을 다 빨아들인 것처럼 부풀어 오른 날 아침, "목련은 미국 남부의 자연을 대표하는 상징"이라는 문장을 읽었다.

짧은 문장 하나로 목련, 그러니까 매그놀리아는 갑자기 미국 남부의 역사적 맥락 안에서의 인종성을 획득하고 나는 이 문장 이전에 내가 본 목련의 하얀 빛으로 돌아갈 수 없게 된다. 목련이 인종적 의미를 투사할 수 있는 매그놀리아로 앞에 놓이는 일이 처음은 아니다. 『딕테』의 「테르프시코레 합창 무용」장의 도입부에서도 매그놀리아가 피어난다. 하얗게 피어 검게 지는 일련의 변화 과정 어디쯤에 아주 잠시 테레사 학경 차의 피부색을 닮은 색이 있었을까. 백에서 흑, 흑에서 다시 백으로 순환하는 꽃잎의 어느 시점에 아시아계 여성의 인종 문제가 은유적으로나마 놓일 수 있을지를 처음 생각해봤던 것 같다. 하지만 여전히 나는 '아시아계' 여성이기보다는 더 자주 한국 '여성'으로 나를 인식하고, 이 사회의 여성혐오가 인종적·민족적·계급적 연대를 압도하는 사례가 더 많기 때문에 일상에서 인종과 관련된 특정 주파수를 사용하는 일은 드물었다. 그날 아침의 목련이 조금 달랐을 뿐이다. 그 '조금'이 목련이 가진 백인성과 그것을 전복해 흑인의 복잡한 정체성과 연결한 조라 닐 허스턴의 『매그놀리아 플라워』, 캐시 박 홍의 『마이너 필링스』까지 번져갈 줄은 몰랐다.

이것은 인종 문제다, 라고 홍은 쓰고 있다. 강박적이고 편협해질 위험을 무릅쓰고 그는 인종 문제'만'을 날카롭게 파고들겠다고 선언한다. 복잡한 맥락을 의도적으로 생략하고 인종 이야기로 직진하는 부분마다 섣부른 공감과 동일화의 유혹을 밀어냈다. 자기애적 공감, 자기 서사화는 자신에게 요구되는 책임과 비판적 사고를 외면하는 당위로 작동한다. 그들이 살아가는 물질적 현실이 '나의 문제'는 아니기 때문에 그 현실에서 작동하는 폭력의 존재를 자주 잊고 만다. 때때로 '교차성'을 자신을 가해자로 만들 수 있는 특정 문제의 무게를 줄이기 위해 유용하는 경우도 마찬가지이다. 경험 안에 교차하는 차별적 조건들로 확장하거나 연결하는 일은 충분히 공부하고 차이를 인식한 후에도 가능하다. 홍 역시 자신이 흑인 차별에서 결백하지 못하다고 고백한다.

한국은 "아시아인을 예속시켜온 백인 우월주의"*의 공모자가 되기 쉬운 구조를 안고 있다. 차이는 손쉽게 차별로 이어지고, 자기혐오가 약자 혐오로 발산되며, 능력주의는 차별과 혐오를 정당화한다. 홍이 말한 미국의 흑과 백 사이에서 "보이지 않는(invisible) 인종"(14)이 때때로 한국에서는 그 구조가 매개하는 권력을 옷처럼 입게 된다. 가령, 홍이 가진 미국에서의 위치성과 한국에서의 위치성은 다를 것이어서(그는 한국에서는 살 수 없을 것이라고 했다. 맞다. 그 문장이 걸려서 굳이 쓴다), 그의 소수적 감정은 다른 위치성을 부여받고 다른 방식으로 건드려질 것이다. 그럴 때 "보이지 않는 인종"의 경계는 새롭게 그어진다. 인종은 피부색이 아니기 때문이다. 영국에서는 아일랜드인이, 프랑스에서는 북아프리카 이민자들이, 독일에서는 터키계 이민자들이, 중국에서는 티베트인이, 일본에서는 재일조선인과 아이누족이, 전 세계적으로는 팔레스타인 사람들이 "보이지 않는 인종"이다. 물론, 홍과 같은 아시아계 미국인과 흑인의 미국 내 차별 경험은 한국에서 태어나 자란 이들의 경험 바깥에 있다. 어떤 경험에 대해서는 홍 자신도 그렇게 인식할 수밖에 없다고 느끼며 그가 인용한 트린 T. 민하의 글은 우리에게 타자를 '타자성' 속에 가두지 않으면서 유

* 캐시 박 홍, 『마이너 필링스』, 노시내 옮김, 마티, 2021, 15쪽.

동적인 위치를 상상할 것을 제안한다.*

자기 체험 바깥에 있는 문화에 "관해 말하기"(speaking about)보다 그 "근처에서 말하기"(speaking nearby)를 제안한 트린 T. 민하는 제일 먼저 사람들 사이에 놓인 잠재적 간격을 인정하고 대표성의 공간을 남겨두라고 제안한다. "근처에서 말하기"는 타자를 대표/대신하거나 그 위에 군림해 발언하지 않겠다고 다짐하는 일이며, 우리는 그저 가까운 거리에서만 말할 수 있을 뿐이라는 걸 이해하는 일이다. 그러기 위해서 의미를 규정하는 과정을 의도적으로 멈추고 그 의미가 봉쇄되지 않도록 의미 형성 과정에 여백을 남겨두는 게 중요하다. 그래야만 타자가 여백으로 들어와 그 자리를 원하는 방식으로 메울 수 있게 된다는 것이다. 타자를 여백으로 초대하는 일, 상상하면 아름다운 일이다.

자기 경험 바깥의 사람들이 모이는 곳이 광장이다. 같은 구호를 외치는 동안에도 퀴어, 장애인, 지역 거주자, 주 참여층과 연령대가 다른 여성들이 느끼는 소수적 감정에 대해 말할 수 있도록, 듣기를 위한 여백을 마련해야 한다. 그 광장에서 '보이지 않는' 이들은 누구였을까. 홍은 소수적 감정을 시앤 나이의 '못난 감정'(ugly feelings)에서 착안했고 우리는 이 감정들을 공적 감정의 범위와

* 같은 책, 142-143쪽 참조.

비규범성 안에서 재사유할 수 있다. 앤 츠베트코비치의 말을 빌리자면, 좋은 정치가 좋은 감정에서만 나올 수 있다고 가정하지 않는 광장을 상상하는 게 중요하다.* 광장은 정치적 우울과 불안을 어느 정도 해소하는 동시에 그것들이 기여하는 창조성이 역동하는 장소였음을 떠올린다. '보이지 않는' 이들에게도 광장은 그런 곳이었을까?

홍은 그동안의 자기변명과 모순의 저변에 무엇이 있는지를 비집어 여는 개인적 성찰과 동시에 1인칭 복수형 '우리'와도 씨름해야 했다고 고백한다. 그가 마지막 장에서 작정한 듯 반복하는 '우리'라는 1인칭 복수형은 '나'를 의미하는 '너'처럼 읽힌다. 엘렌 식수가 말한 "바로 사이 (안에서) 작업"†하기 위해 그는 자기 위치성을 지속적으로 질문하기를 제안한다. 오카 마리는 '자매애'나 '연대'라는 말로 여성들 사이에 존재하는 차이가 소멸될 것처럼 여겨서는 안 된다고 주장한다. 그 실현은 차이를 만들어내는 폭력과 대면하는 것에서 시작될 수 있다. 『마이너 필링스』가 우리에게 주지시키는 차이와 폭력은 '보이지 않는' 이들의 고통을 직시하는 강렬한 목소리를 요청하며, 고통을 직시하는 강렬한 목소리의 지속적인 출현은 우리를 침묵에서 구해낸다. 홍이, 그보다 앞서 테레사 학경 차가 그랬던 것처럼. 『딕테』는 목소리

* 앤 츠베트코비치, 『우울: 공적 감정』, 박미선, 오수원 옮김, 마티, 2025, 18-19쪽.

† Hélène Cixous, Catherine Clément, *La Jeune Née*, Paris: Union générale d'éditions, 1975, p.159.

없던 여성들을 '말하는 여자'의 자리로 이끌고, 말하는 여자들은 찢어진 언어, 망명자의 기억으로 이루어진 여성적 저항의 관계를 새롭게 꿈꾼다.

출간 후 10여 년간 비교적 조용한 반응 안에 머물던 『딕테』는 일레인 킴을 비롯한 아시아계 미국 문학 비평가들이 민족주의적 역사와 한국계 이민자들의 경험에 천착하는 비평적 관점을 제시하면서 재조명된다. 일레인 킴은 『자기 쓰기, 민족 쓰기』(*Writing Self, Writing Nation*)의 서문을 통해 동시대 비평가들이 『딕테』에 대한 논의에서 한국 혹은 한국계 미국인의 문제를 등한시하거나 무시했다고 지적하면서, 작품에서 재현하고 있는 구체적인 역사 즉, 일본 식민주의와 한국 민족주의 운동, 페미니즘, 한국 전쟁, 미국 이민 세대 등에 대한 분석이 전무하다고 비판한다.

특히 1992년 4월 29일에 일어난 'LA 흑인 시위'는 『딕테』를 비롯한 한국계 미국인들의 민족주의적 텍스트를 소개할 필요성에 긴급함을 더했다. 당시 한인 타운과 LA 남부의 한국인 이주민 수천 명이 삶의 터전을 잃었다. 이는 얼마간의 시간을 건너 홍의 『마이너 필링스』가 미국에서 주목받은 배경과도 닿는다. 팬데믹 이후 아시아인을 대상으로 증오 범죄가 크게 증가했고, 인종차별과 혐오, 배제에 대한 문제의식이 여러 분야에서 주된 의제로 떠오르고 있었다. 말하자면, 테레사 학경 차와 캐시 박 홍을 잇는 아시아계 인종 문제는 첫 이민 세대에서부터 '지겹도록 새롭게' 반복되고 있는 셈이다. "우리는 이 나라에 늘 있었던 존재다"(268). 『마이너 필링스』의 마지막 문장이다.

두 저항의 쓰기가 호출된 공통 정황은 차의 죽음을 추적한 장 「예술가의 초상」에 대한 관심으로 자연스럽게 이어진다. 나는 이 글의 도입부터 당혹감을 느꼈다고 한 강연 자리에서 고백한 적이 있다. 1970년대 페미니즘 영화 이론과 비평의 영향은 차의 『딕테』에도 미쳤는데, 「멜포메네 비극」 장과 「에라토 연애시」 장에서 영화관의 여성을 묘사하는 방식은 일방적이고 폭력적인 남성 응시(male gaze)의 권력을 주요하게 환기한다. 반면, 차가 살해당한 당일의 행보를 좇는 홍의 시선은 살인의 스펙터클을 감시해야 하는 역할을 외면함으로써 또 다른 시선-권력을 제공하는 것처럼 보인다. 그 때문에 홍의 카메라를 따라가던 나는 자꾸 주춤거리면서 시선을 돌릴 곳을 찾아야 했다. 차의 죽음을 둘러싼 장막을 걷어내고 무슨 일이 있었는지 사실만을 기록할 목적이었다는 홍의 글은 차의 마지막 모습을 추적하는 장면 구성과 정보 제시의 시점들을 훌륭한 극적 요소로 변질시킨다. 아쉬움이 남는 글이지만 차의 죽음, 사건 조사, 재판 과정,

언론에서 드러난 분명한 차별과 혐오에 대한 그의 분노는 이해할 수 있다. 그렇더라도 한국계 미국인의 반복되는 역사에서 홍과 차의 관계와 그 의미를 충분히 안다고 말할 수는 없을 것이다. 『딕테』 출간 이후 한국 여성들이 차와 어떤 관계를 맺고 있는지 홍이 전혀 짐작하지 못하는 것처럼.

차의 죽음은 그의 작품을 사랑하게 될수록 익숙해지지 않는 고통이자 부재로서 환기된다. 움직이는 환유의 세계인 『딕테』가 끝없이 반복하고 부연할 이미지와 언어화를 우리에게 제시하듯이 그의 죽음에 대해서 우리는 거듭 여백을 만들고 "근처에서 말하기"를 이어가는 중이다. 마지네일리아의 거주자로, 거주자들의 친족으로. 인종에 관한 글은 "우리의 내면이 모순들로 뒤엉켜 있다는 점에서 서정시"(95)가 되기도 하므로, 모순의 조각들을 하나도 흘리지 않으면서. 차는 『딕테』의 원고를 작업할 시간이 없을 때에도 몸에서 원고를 떼어놓지 않았다. 어디든 원고를 들고 다녔고 잘 때도 함께였다. 거대한 절망 속에서도 그가 차곡차곡 진행해 완성하고 우리에게 남긴 것들 덕분에 그는 세상에 없지만 있어서 우리는 심장 안에 악몽을 넣어두고도 잠을 잔다. 목련이 빛나는 밤에도.

이토록 뜨거운 공허
: M과 N 사이 두 개의 O

에스더 이, 『Y/N』

IN NOMINE

LE NOM

NOMINE
—테레사 학경 차, 『딕테』*

한 조각 빛과 같은 욕망이 우리를 관통한다. 욕망하는 대상의 안내에 따라 우리는 이 세계 어딘가에 내려앉는다. 우리의 '있음'이 불안하지 않았던 적은 없다. 욕망으로 얻게 되는 세계의 자리와 관계가 우리를 연신 조각내기 때문이다. 누구의 이름으로 바라고 울 것인가. 너

* 위에서부터
'~의 이름으로',
'그 이름',
'(IN 없는 탈격형) 이름'으로
해석할 수 있다.

의 이름. 매일 문질러 바르는 이름. 그 살아 있으면서 죽은 자의 이름으로 아멘. 비가 그친 봄밤, 달이 달려와 안길 것 같이 반짝이고 나는 제정신이 아니다. 자꾸 멈추긴 하지만 아예 끝나지는 않는 사랑에 대해 몸을 꼬지 않고 이야기하기. 라일락 향이 종소리처럼 울린다. 내가 느리거나 네가 빨라서가 아니고, 그냥 그건 원래 잡히지 않는 거라고 불가능성을 스카프처럼 두르고 일기를 쓴다. 사랑이 끝나자 사랑이 시작된다. 언어가 봄에 하는 일이다.

자아 서사의 작가, 욕망

욕망은 거대한 은유가 남긴 잔여물, 고정적 의미로 설명할 수 없는 사태이다. 이 문장으로 책의 주인공을 소개해보자. '나'는 베를린에 거주하는 29세 한국계 미국인 여성으로, 콘서트에서 케이팝 보이 그룹의 멤버 문(Moon)을 보고 단박에 빠져들고(이야기 1), 'Y/N'(Your Name)을 주어로 팬픽을 쓰기(이야기 2) 시작하면서 두 이야기는 욕망의 이중 플롯 안으로 모였다가 흩어진다. 표면적으로 『Y/N』은 문에 빠진 여성 화자 '나'의 욕망과 팬픽, 우연한 인물들과 장소 등이 합심해 완성하는 카섹시스(cathexis, 감정과 리비도를 대상에게 집중시키는 상태)의 드라마로 읽히는데 관련해 로런 벌랜트의 문장을 초대할 수 있다.

욕망하는 주체는 자기 이야기 속에 있는 존재인 동시에 또 자기 이야기를 읽는 독자가 된다. 행위와 해석이라는 이 두 가지 형식이 욕망하는 주체로 하여금 동시에 여러 상상적 관점에서 자신의 플롯 속에 다시 거할 수 있게 한다.*

이 글은 그런 포착할 수 없는 움직임에 이름을 붙여보려는 시도이다. 앤 카슨에 의하면 "이름은 명사가 아니다. / 그것은 부사다".† 에스더 이의 데뷔작 『Y/N』에도 적용되는 이야기이다. 'Y/N'이 누구나 자신의 이름을 넣어서 읽을 수 있는 팬픽 속 'Your Name'을 의미한다는 걸 알게 된다 해도 구획되지만 분명한 경계 없는 세계가 안으로 침투하고 밖으로는 확장되는 감각은 "어떻게, 언제, 어디서, 얼마나"라는 부사적 의미로만 표현 가능해진다. 정체성은 이름으로 구성되지 않고 타인에 의해 호출되는 수행성이기 때문이다. 『딕테』의 「DISEUSE」 (디죄즈) 장의 마지막 페이지에는 번역되지 않은 라틴어, 프랑스어가 섞인 표현 "IN NOMINE / LE NOM / NOMINE"‡가 등장하는데 각각 '~의 이름으로', '그 이름', '(IN 없는 탈격형) 이름'으로 해석된다. 첫 번째 라

---

*캐서린 R. 스팀슨, 길버트 허트 엮음, 『젠더 스터디』, 김보영, 박미선 외 옮김, 후마니타스, 2024, 354쪽.

†앤 카슨, 『유리, 아이러니 그리고 신』, 황유원 옮김, 난다, 2021, 109쪽.

‡테레사 학경 차, 『딕테』, 김경년 옮김, 문학사상, 2024, 31쪽.

틴어는 종교적 호명, 두 번째 프랑스어는 식민 권력의 호명, 세 번째 'IN'이 탈격된 라틴어는 공식 문서나 선언문 등에서 주체 없는 이름의 호명이라고 할 때 정체성의 층위에서 'Y/N'과 공명하는 부분이 적지 않다. 호명으로 강제 지정되는 정체성은 결국 이름으로 환원될 수 없는 정체성 가령, 여성 디아스포라와 같은 존재를 세계의 공백으로 만든다.

화자 '나'는 분열된다. 아슬아슬한 욕망과 과잉 자의식이 팽팽한 채로. "날카로운 안도감"(58)과 같은 상반된 의미가 양쪽에서 서로 힘을 쓰는 감각 묘사에 내 신경줄이 따라 당겨진다. 각이 큰 감각마다 끝난 사랑이 매달린다. 욕망이 관통한 주체의 경계들처럼 너덜너덜해진 '나'는 완전히 파괴되지 않고 강박과 과잉의 방식으로 자기 욕망을 점점 더 고양하는 데 성공한다. "환상이 없다면 우리를 지탱해주는 대상에 대한 양가적 애착의 평탄치 않은 장에서 나아갈 방법이 없"*으므로 환상을 부화하여 팬픽을 쓴다. 팬픽은 대상을 잘 알지도, 이해하지도 못한 채 그것에 닿으려는 욕망이 추동하는 장르이다. 에스더 이는 한 인터뷰에서 팬픽이 가진 문학의 특성에 대해 "초월적인 것과 같은 공간에 자신을 두려는 욕망, 그것을 제대로 이해하지 못하더라도 닿으려는 욕망"†을 언급한다. 욕망의 출현과 추동으로 자아는 서사의 몸

---

* 캐서린 R. 스팀슨, 길버트 허트 엮음, 앞의 책, 331쪽.

† "The loneliness of the central character in Esther Yi's 'Y/N' is universal," *All Things Considered*, NPR, March 21, 2023, https://www.npr.org/2023/03/21/1165092731/the-loneliness-of-the-central-character-in-esther-yis-y-n-is-universal.

을 얻는다. "욕망의 대상을 향해 우리가 말을 거는 스타일이 바로 우리가 자아와 다시 조우하게 되는 드라마에 형태를 부여"*하기 때문이다. 하지만 우리는 욕망과 마찬가지로 욕망의 플롯 역시 통제할 수 없다. 그것은 은밀하게 전개되다가 걷잡을 수 없이 미궁에 빠지며 결코 통합되지 않는다.

*캐서린 R. 스팀슨, 길버트 허트 엮음, 앞의 책, 103쪽.

세계의 상처 한가운데

케이팝 보이 그룹과 팬덤 세계의 인물들이 등장하므로 『Y/N』은 세계적인 엔터테인먼트 산업 내에서 순환하는 환상이라는 자본과 소비문화에 대한 비판으로 읽히기도 한다. 그러나 우리가 욕망이나 애착을 우리의 실존 조건으로서 이미 가지고 있음을 떠올리면 또, 그 대상의 자리를 되살리는 작업이 예술이기도 하다는 걸 상기하다 보면 소설이 담지하는 여러 시공간의 문(gate)들을 굳이 하나로 통합할 이유는 희박해진다. 문(Moon)에 대한 성적 환상과 최초의 삼각관계는 정신분석학적 욕망으로 들어가는 입구를 열고, 지속적인 이동하기가 지향하는 반(反)정체성(Antiidentität, 텅 빈 공백의 정체성 또는 정체성의 소멸)은 불투명한 1인칭 디아스포라의 시공간성과 닿는다. 문(Moon)은 게르만어족의 'mōna', 라틴어의 'luna'라는 이중 어원을 갖고 있다. 전자는 시간적 의미와 연결되고 후자는 빛과 신화적 의미의 상징성을 가진다. '달의 영향을 받은'이라는 의미의 lunatic은 '광기의, 미친'이란 의미로도 쓰인다. 물론 우리는 그 이상의 문들을 감지할 수 있다. 문(question)과 문(literature)과 문(bite)과…

신성(神聖)과 형이상학적 요소들 사이의 긴장/해체가 예술로 구현되는 방식에 이 문'들'이 연결된다. 이제 신성의 자리는 세계적인 보이 그룹의 것이다. 에스더 이는 이 새로운 신성과 형이상학적 요소들의 관계에서 오는 긴장과 그 재현에 몰두하는 것처럼 보인다. 베드로의 부정처럼 '나'는 자신이 문의 팬은 아니라고 반복해 피력한다(아마도 세 번). 그럴 때마다 'Y/N'은 철학적 기표 'Yes/No'로서 환기된다. 초월과 실재, 현존과 부재, 존재와 무, 유형과 무형, 장소와 비장소 등이 접촉하는 양가적 방식인 셈이다. 클라리시 리스펙토르의 "그래/아니"이자, 'paixão'(passion)이 갖는 두 의미 '수난/열정'이다.* 소설 속 현실의 한계가 환상의 가능성으로 전환될 즈음 'Y/N'은 물질적 실재와 환상적인 것 사이의 경계로 구성되는 헤테로토피아(heterotopia)†와 닮아 있다.

'/'(슬래시)는 그 자체로 장소성을 갖는다. 칼로 베

---

*클라리시 리스펙토르의
『G.H.에 따른 수난』에서
'수난'(paixão)은 사랑 또는
열정으로 번역할 수도 있다.

†미셸 푸코가 처음 제시한 개념으로 다양하게 정의되고 전유되지만, 여기서는 모든 장소들과 절대적으로 다른 '반(反)공간'(contre-espace)이자 '이의 제기'의 장소로 지시된다.

고 그어서 만든 분리와 구획의 장소. DMZ이다. 둘 사이에 드리운 베일이자 때로는 문의 투명한 피부 같은 막으로 작용하지만 본질적으로는 세계의 상처이다. '너의'(your)와 '이름'(name) 사이의 상처이다. 소유 불가능한, 증명 불가능한, 안착할 수 없는 정체성의 구멍 속으로 들어갈 준비가 되었냐는 질문을 사랑하는 동안 내내 들은 것도 같다. 대답하기 전에 시선을 문에게로 돌려보자. 그는 "캐릭터가 아니"고, "하나의 주제, 보편적인 상수"로 거기 있다(72). 흡사 인적 드문 길을 걷다가 겁에 질리기 직전에 등장하는 표지판 같은 문장들에 의지해보자면 문(Moon)은 여성성을 아우르는 남성성일 수 있다. 알파벳 순서대로 M 다음의 N 사이에 O가 두 개('O'는 '나'의 화가 친구 이름이며 '나'가 빌려 쓰는 이름이기도 하다) 놓이면서 지연되고 플롯이 바뀌는 이야기일 수도 있고, 두 개의 동그란 거울이 서로를 되비추는 경계의 장소일 수도 있다. 또는 메타포(metaphor)와 내러티브(narrative) 사이에 놓인 교란하는 주체의 비어 있는 이름이라면? 거대한 공허를 한가운데 둔 삶과 죽음이라면?

비표상적 초상으로

그래서 '나'는 언제나 문과 함께 "있다". 한계가 없는 세계의 "정신적 공간"과 환상 행위의 "무의식적 공간"에. 경계 없이 펼쳐지는 그곳에서 벗어나기 힘든 실존적 갈망 때문에 '나'가 있거나 있었던 공간은 모두 어느 순간 익숙한 신화적 공간으로 변모한다. 마침내 '나'가 문을 만난 공간도 생크추어리(sanctuary, 위험에 처했다가 살아남은 생명의 피난처)이다. 그곳에서 '나'는 가장하지 않은 욕망의 맨 얼굴로 그 앞에 선다. 그게 무슨 의미일까. 영원히 기다리고 상상했던 순간, '나'는 문에게 관습적 내러티브의 폭력을 행사한다. 문을 좋아하는 다른 이들과 구별되고자 했던 '나'는 붕괴된다. 문과 '나'의 머리가 닿은 이중 초상은 꿈의 속성을 승계한 영화 속에서만 가능해진다.

"이제 다른 관점에서 세상을 바라볼 때가 왔어. 왜 무릎 뒤를 보는 것부터 시작하면 안 되는 거지? 얼굴과 얼굴이 아닌, 무릎과 무릎으로 서로를 바라볼 수는 없는 걸까?"(243)

시간을 잃어버린 채 이야기의 끝에, 사랑의 마지막에 다다른다. 잠시 선명하게 보이던 것이 있었다. 주로 O와 함께 있을 때, '나'는 비교적 또렷했다. 신화 속 퀘스트의 조력자 같기도 한 O는 화가이고 관찰하는 사람이니까. 관찰하는 사람 안에는 관찰되는 사람이 포함되어 있으니까. 이름을 바꾸고 유동하는 존재인 O가 그린 '나'의 초상은 미완성으로 남는다. 노출된 주체는 상처투성이로, 비표상적 초상으로 남을 수밖에 없다. 『Y/N』은 그런 방식으로 기존 정체성 서사의 공식에서 벗어난다. 미완성 초상이 우리를 명상 상태에 빠지게 한다. 나는 사랑의 부름에 눈을 뜬다. 사랑은 여전히 죽음과 협상하는 자신을 만나는 공간이다. 그 안에서 매일 다른 몸을 가지고 꿈에서 깬다. 초상화는 영원히 다시 그려지고 일기는 구멍 난 부사로 가득 찬다. 너의 이름으로.

가기/돌아오기, 가기, 돌아오기*
: 존재의 시차로 도착하는 제3의 장소

테레사 학경 차, 『딕테』 I

> 그것은 내 몸이 아니요, 한 여자의 몸도
> 아니었으니, 그것은 우리 모두의 몸이었다.
> 그것은 빛 밖으로 걸어나갔다.
> ―앤 카슨, 『유리, 아이러니 그리고 신』

기억과 시간의 허술한 결탁이 매번 우리를 다시 한 권의 책으로 돌려보낸다. 논리적으로 설명할 수 없는 애정의 발견자이기도 한 우리는 마음의 끝까지 혼자 가서 미리 죽음을 본다. 보고 돌아와야 안심하고 다시 살아갈 수 있다. 돌아와서 '마'를 길게 '음'을 짧게 소리 내본다. 순식간에 닫히는 마음. 다치는 마음? 아니 닫히는 마음. 그게 그거다. 그 한 권의 책에는 그게 그거인 소리들이 많

*ALLER/ RETOUR, ALLER, RETOUR. 이는 『딕테』의 「엘리테레 서정시」장의 프랑스어 소제목들로, aller는 '가다'뿐 아니라 '시간이 흘러가다'라는 의미도 지니고 있고 retour는 '귀환', '회귀', '플래시백', '회신' 등의 의미로도 쓰인다. 공간적 이동뿐 아니라 시간과 기억의 유동성 역시 감각할 수 있는 단어들이다.

았다. '마-음'을 재빨리 발음하면 '맘'(mom)이 되기도 하는, 그게 그거인 세계에서 도무지 연결될 것 같지 않던 것들이 연결되었다. 그 책 『딕테』는 우리를 멀리서 온 독자와 관객, 민중과 회중으로 이동시킴으로써 연결을 연결(戀結, 사랑하고 그리며 잊을 수 없을 정도로 정이 맺어짐)로 흐르게 했다.

괄호 열고 그 말이 첫말이었다 마침표 멀리서 온 여자가
있다 마침표 온 만큼 더 멀리 가고 싶은 여자가 마침표
말이 여자에게 묻는다 마침표 따옴표 열고 실제로
죽지 않고도 더 멀리 물음표 따옴표 닫고
부러지고 부서진 말이 여자의 대답을 기다린다 마침표
텅 비워져 돌아온다면 쉼표 침묵으로 돌아온다면 말없음표 괄호
 닫고

연결되어 있는 동안에는 『딕테』가 세상에서 사라지지 않을 거라 안심할 수 있었으므로 "글을 쓸 수만 있다면 계속 살 수 있다"*는 테레사 학경 차의 문장에 그은 밑줄은 흐려질 새가 없었다. 읽기와 쓰기가 상호 주체적 수행이 되었다. 읽는 사람과 쓰는 사람이 자리를 바꾸며 총체적 감각으로 연결되는 "발수신자"(sendereceiver)† 로서 『딕테』를 펼치는 모든 날이 첫날이었다.

* 테레사 학경 차, 『딕테』, 김경년 옮김, 문학사상, 2024, 153쪽.

† 테레사 학경 차의 「관객 먼 친척」에서 발신자와 수신자가 언제나 이미 관련되어 있고 항상 결합되어 있음으로 연결된다는 의미에서 만든 조어.

이주와 망명은 이미 시작되었다. 아주 멀리서 온. 서사적 권위는 신의 표식 같다. 우리는 간헐적인 침묵에 휩싸인다. 모어가 아닌, 의미가 텅 빈 이미지로서의 언어로 목소리를 내보려 하지만 목구멍은 숨 하나도 길어 올리지 못한다. 우리가 가진 기억이나 지식, 언어, 사유를 동원해도 해독 불가능한 어떤 장면들 앞에 던져진 순간 우표 한 장이 필요하다. 1982년 『딕테』 출간을 알리는 엽서를 멀리 실어 나른 우표와 같은. 엽서 오른쪽 상단에 붙어 있던, 손가락 한 마디만 한 그것이 시간과 공간을 가로질러 전한 것은 지금까지도 거대한 세계의 탄생 소식이었다.

    19세기 빅토리아 시대, 수신자이자 발신자였던 연인들은 우표가 놓이는 자리와 방식을 약속된 기호 삼아 서로에게 메시지를 전달했다. 가령, 우표를 거꾸로 붙이면 사랑한다는 의미였는데 직역하면 "당신이 내 마음을 뒤집어 놓았어요"가 된다. 위와 아래가 전복되는, 사랑은 혁명이(었)다. 그것이 다 소진될 때쯤 뒤집히는 마음이란 좀 다른 의미겠지만 혁명에는 희생이 따르지 않을 수 없었다. 또, 세로 모양의 우표가 가로로 붙어 있으면 "친구로 지내자"는 의미였다. 거절당한 슬픔은 수신자의 마음을 오래 눕혀놓았을 것이다. 빅토리아 시대 기준으로 볼 때 차의 우표는 평범한 위치에 숨긴 메시지 하나 없이 붙어 있다. 예술가의 매체성에 집중한 차의 앞선 작업들을 떠올리면 그 작고 매력적인 매체와 그것이 실어 나를 수 있는 시공간을 그가 간과했을 리 없다는 확신이 든다. 확신을 쥐고 본다. 아메리카 원주민 이미지 오른쪽으로 경계선에 바짝 붙은 "Crazy Horse"가 그제야 선명해진다. 코리안 아메리칸 디아스포라 여성의 작품 출간 소식을 알리는 아메리카 원주민의 이름, "미친 말".

그 말(馬)이 그 말(言)이어서 고통이 잠시 멈춘 날, "기억을 말한다는 것은 고통을 말하는 것이"*에서 고통이 다시 이어지던 무수한 날 『딕테』는 자서전이었다가 소설이었다가 시였다가 장르의 특권을 예민하게 감지한 경계의 아트-북이 되었다. 차의 창작론과 매체 예술론이 그대로 구현된 『딕테』는 기억과 언어, 시차 등이 이분법을 허물고 육체성을 획득하는 과정에서 '여성적 글쓰기'(l'Écriture féminine)†와 교류한다. 차가 예술이 내면화해온 미학과 정치, 예술성과 현실 참여라는 이항 대립을 훌쩍 뛰어넘으며 다양한 흐름, 다양한 경로로 가득 찬 유체(流體)의 공간을 마련한다는 점에서도 그렇다. 여성적 글쓰기는 '시적 글쓰기'만큼이나 모호하고 오해받기 쉬운 개념으로, '정의할 수 없는 글쓰기'로서 모순이 내재되어 있다는 공통의 난감함이 그 둘을 묶는다. 시적 글쓰기가 기존의 시적인 무언가를 무시하거나 외면하거나 버려야 가능한 것처럼, 여성적 글쓰기 역시 오래 공유된 '여성', '여성성', '여성적'인 무언가를 계

*오카 마리,「타자의 언어」, 『흔적 2』, 문화과학사, 2001, 396쪽.

†1970년대 후기구조주의 페미니스트들에 의해 정립된 개념. 대표적인 이론가로 엘렌 식수가 있으며, 그의 저서 『메두사의 웃음』은 여성적 글쓰기 개념과 실천 전략을 제시한 것으로 유명하다.

속 심문해야만 한다. 둘은 법을 흔들고 '나'가 있지만 없이 언어의 해체와 구축이 동시에 일어나는 글쓰기의 장소에서 만나며 때때로 호환 가능하다. 그러나 종종 우리를 곤경에 빠뜨리는 '여성', '여성성'을 어떻게든 감당해보려는 의지가 '여성적 글쓰기'에는 있다. 침묵의 화석을 발굴하기 위한 물줄기가.

국내에 번역된 엘렌 식수의 글 중 여성적 글쓰기와 관련해 인용되는 대부분 문장은 『메두사의 웃음/출구』가 그 출처이다. 50년 전 글이지만 생명력은 여전하다. 새로운 독해와 연결, 실험, 사유가 잇따라서다. 1990년대 이후 식수의 관심은 제3물결로 옮겨 가고, 정치성 탐구를 위해 고전적 암시와 신화적 상징성을 즐겨 활용하고 있다. 최근에는 카미유 앙로의 작품집 『카미유 앙로: 모어』(*Camille Henrot: Mother Tongue*, 2023)*에 참여하는 등 여성적 글쓰기의 개념과 실천을 텍스트적 소비 방식으로 확장, 변용하고 있다. 특히 그가 클라리시 리스펙토르의 작품을 읽을 때는 훨씬 더 넓은 논리적 범주에서 여성적 글쓰기가 여성적 읽기로 전환되는 장면이 펼쳐진다. 그는 리스펙토르를 타자와의 만남을 바탕으로 의식적인 삶의 한계를 결정하는 위계와 대립을 무너뜨리는 쓰기의 장소로, 세계와 몸의 교감에서 비롯된 쓰기를 통해 '법'을 분별하는 장소로, 그리하여 마침내 균형이 옮

---

*200여 점의 작품을 모은 앙로의 첫 출판물로, 유아기부터 전 생애에 걸쳐 애착과 분리라는 인간의 발달적 욕구 사이의 긴장과 돌봄, 둘의 양면적인 측면을 다루고 있다. 엘렌 식수는 대담으로 참여했다.

겨지는 장소로 읽어낸다. 끊임없이 흐르는 장소이다.

엘렌 식수와 클라리시 리스펙토르 외에도 마리나 츠베타예바, 다와다 요코, 엘레나 페란테, 데리언 니 그리파 등 많은 여성 작가들이 정의되지 않는 여성적 글쓰기의 곤경을 유연하게 끌어안고 자유롭게 여성의 언어를 다시 쓰고 덮어 쓰고 있다. 관행과 법의 파괴가 일어나는 쓰기, 타자를 창조하는 쓰기의 장소에서 그들과 더불어 차를 호명해보려고 한다. 글쓰기의 '여성성'뿐만 아니라 글 읽기의 특정 실천으로서의 '여성성' 또한 변화해왔으므로 『딕테』를 그 변화의 흐름에 관계하도록 두어도 좋을 것이다. 여전히 정의할 수 없다는 문제를 해결하지 못한 채 여성적 글쓰기와 여성적 읽기의 상호 호환적 관계를 『딕테』로 확장해보려는 시도가 과연 가능할까. 우선 엘렌 식수의 글을 불러온다.

저는 이걸로 시작하겠습니다. H [⋯]
이것이 글쓰기입니다.*

이어서 그는 글쓰기의 시작에는 죽음이 있어야 한다고 쓴다. H에 죽음이 필요하다. 왼쪽 'I'라는 한 언어와 오른쪽 'I'라는 다른 언어가 '-'로 연결되려면 죽음이 필요하다. 두 'I' 사이의 빈 공간이. 바로 공허(空虛)가. 둘 사

*캘리포니아 대학교에서 열린 식수의 강의를 묶은 책에서 식수는 "I 이것이 한 언어고, I 이것이 다른 언어이고, 사이에 둘을 진동시키는 선이 있"으며 "글쓰기는 두 해안을 잇는 통로를 만"든다고 설명한다(엘렌 식수, 『글쓰기 사다리의 세 칸』, 신해경 옮김, 밤의책, 2022, 13쪽).

이를 잇는 통로가 만들어지려면 부재가, 비어 있음이 먼저 있어야 한다. 공허를 가로질러 둘을 잇는 하이픈은 낱말을 합칠 때도 사용되지만 음절을 나눌 때도 쓰인다. 만나고 헤어짐이 한 기호 안에 있다. 결합과 분리가 동시에 이루어진다. 그래서 하이픈으로 연결된 사다리는 본질적으로 위태롭다. 엘렌 식수는 사다리의 '오르기'가 바닥 쪽을 향한다고 설명한다. 아래로 향하는 오르기. 우리는 그렇게 태어난다. 거의 잊고 말지만 탄생의 과정은 힘들고 취약하다. 죽음만큼 그렇다.

『딕테』도 H로 시작한다. 표지 이미지에서부터 테레사 학경 차의 초기 비디오 작품 형식을 반영하고 있다. 『딕테』의 이미지들은 모두 흑백이고 의도적으로 여러 번 복사해 질감을 거칠게 표현하는 방식으로 시간성의 의지가 부여되었다. 표지 이미지를 비롯해 모든 이미지의 출처가 생략되어 있다. 다양한 매체와 출처 없음의 이미지가 정밀하게 구축되어 있는 『딕테』의 비디오 작업은 대부분 정지된 이미지와 단어의 시퀀스로 이루어져 있다. 한 이미지에서 다음 이미지로 이동할 때 사용되는 느린 페이드 효과가 말하자면 두 이미지 사이의 하이픈이 되고 기억과 지각되는 이미지 사이를 잇는 식이다. 『딕테』의 표지 이미지와 첫 장의 이미지의 관계도 같은 식으로 볼 수 있다[도판 1].

지상　　　　지하
시간의 죽음　　　　기억의 죽음

 —

몽타주(montage)

서로 다른 이미지나 장면을 특정한 흐름으로 배치하여
시간의 흐름이나 공간의 움직임 등 새로운 내용이나
의미를 만들어내는 편집 기법

[도판 1]

스크린 와이드 앵글로 놓인 『딕테』의 표지에는 침식된 만리장성의 한 부분, 멀리 보이는 봉화대와 죽음을 눌러 둔 돌들이 '시간을 견디는 노동'*을 하고 있다. 영화의 오프닝 화면처럼 웅웅, 서에서 동으로 부는 바람 소리가 나는 듯도 하고, 얼핏 배고픈 미친 말의 울음소리가 지하에서 올라오는 것 같기도 하다. 적막한 풍경, 풍화된 바위, 무(無), 침묵, 죽음, 불가해함… 그리고 거기 어떤 세계의 끝이 있다. 더는 시간이 흐르지 않는. 페이지를 넘기면 '시간의 죽음'도 넘어간다. 사각형의 어둠이 나타나고, 그 어둠에 갇힌 '기억의 죽음'이 나타난다. 동그란 사발로 벽을 긁어 새긴 유일한 한국어, *어머니 보고싶어 배가고파요 가고싶다 고향에*가 바람과 울음소리에 잠긴다. 출간 당시 미국의 독자들에게 이 이미지는 금이 가고 부서진 기억, 해독할 수 없는 죽은 자의 말, 즉 미친 말의 현현이나 다름없었을 것이다.

* 그것은 "형상의 노동, 언어의 노동 [...] 목소리의 노동"으로 대변된다 (Theresa Hak Kyung Cha, *DICTEE*, Berkeley: University of California Press, 2001, p. 161).

책의 진행 방향을 따라 우리는 지상의 무덤과 지하의 미친 말을 먼저 수평적 감각으로, 이어서 수직적 감각으로 경험한다. 휠에 감긴 세로 필름과 디지털 영상의 가로 프레임을 모두 감각하는 몸이 되어, "두 죽음 사이에는 기다림 외에 아무것도 없다"라고 한 롤랑 바르트의 말을 떠올린다. 둘을 연결할 혹은 분리할 하이픈을 발견한다. 기다림.† 새로운 시간, 다시 흐를 시간이 필요하

† 「테르프시코레 합창 무용」 장의 "시간이 없다. 기다림이 없다. 그러므로 거리가 없다. 가득하다"에서 새로운 기억을 위한 공동은 기다림, 새로운 시간(역사)에 의해 가능해진다는 걸 유추해볼 수 있다(169).

다. 어둠 속에서 죽은 기억이 구조된다. 아홉 뮤즈의 어머니, 기억의 여신 므네모시네의 증언이 시작된다. 『딕테』는 이미지가 지속적으로 불러일으키는 지금 여기 없음, 그 부재의 감각에서 재구성될 기억을 향해 나아가는 쓰기이다. 아직 도착하지 않은 기억의 자리가 마련되어 있는 장소이다. 라캉이 말한 '전(前)미래'*, 현재와 미래 사이에 존재하는 제3의 시제가 놓이는 장소. 타자의 목소리를 듣기 위한 장소. 아홉 뮤즈의 이름과 주관하는 장르가 나란히 제시된 페이지에서도 뮤즈와 장르 사이의 빈 공간, 부재의 장소에서 둘을 이을 무언가를 상상해볼 수 있다[도판 2]. 매개하는 건 "DISEUSE", 말하는 여자이다. 전문 서사시 여성 구송자로 예언자, 영매, 여성 작가, 번역자이기도 한 여자가 "타인들을 허용한다. […] 타인으로 하여금 가득하도록"(13~14) 공동(空洞)이 된다.

그곳에서 타자의 언어가 솟는다. 뮤즈와 장르 사이, 가기와 오기 혹은 돌아오기 사이, 겨울과 봄 사이, 말할 수 없음과 있음 사이, 벌어진 상처 사이에서. 엘렌 식수의 사다리는 나와 타자, 출발 언어와 도착 언어, 삶과 죽음으로도 세워진다. 그 사이에 물길을 만드는 게 쓰기라면, 타자 곁에서의 쓰기라면 '나'를 먼저 비워야 한다.

*자크 라캉이 "타자가 그리로 들어와 그 자리를 원하는 방식으로 메프로이트의 이론을 재해석하면서
인용한 시제 개념. 나와 나의 욕망은
되돌아보며 구성되고 항상 한발 늦게 인식된다. 예술에서는
서사, 의미, 주체 등의 지연된 형성과
관련되며 작품 속   시간의 틈이
갖는 가능성과 자주
관계된다.

클리오	역사
칼리오페	서사시
우라니아	천문학
멜포메네	비극
에라토	연애시
엘리테레	서정시
탈리아	희극
데르프시코레	합창 무용
폴림니아	성시

[도판 2]

울 수 있게"* 공간을 남겨두어야 하며, 이는 쓰는 자신을 박탈하는 경험이 된다. 공허의 '공'을 불가에서는 '무자성'(non self-identity)으로 해석한다. 죽지 않기 위해 글을 쓰고자 하는 선택이 즉각적이고 다급한 '나'의 죽음을 부르는 아이러니. 배타적인 당사자성의 위력 없이, 말할 수 있는 자격에 대한 심문 없이 비어 있는, 차이를 삭제하지 않고 가능성으로 열어놓은 공동에서 우리는 '나'의 죽음 이후 겨우 타자의 언어를 듣는다.

따옴표 열고

엘렌 식수도 테레사 학경 차도 이 '타자의 언어' 자리에 어머니를 둔다. 어머니 이브가 103세의 나이로 세상을 떠난 직후에 쓰인 엘렌 식수의 『호메로스는 죽었다…』(*Homère est morte…*†)는 어머니의 마지막 6개월을 기록하며 죽음을 향해 흐릿해지는 어머니의 삶과의 관계를 중심으로 긴밀한 궤도를 그리고 있다. 어머니는 산파였다. 식수는 자신이 어머니의 죽음을 받아내는 산파 역할을 하게 될 것을 예감한다. 자신을 '잠자리에 들게 하고 재웠던' 어머니가 영원한 '잠자리에 드는' 과정이 순환의 절묘한 시적 궤도를 그리며 고전 신화와 교환된다[도판 3].

---

* 트린 T. 민하, 「아트포럼」과의 인터뷰. 캐시 박 홍, 『마이너 필링스』, 노시내 옮김, 마티, 2021, 142–143쪽에서 재인용.

† 호메로스라는 남성 주어에 맞춰 남성형 형용사를 쓰지 않고 'morte'라는 여성형 형용사를 사용하고 있다. [편집자 주]

Homère
est morte...

Homère(호메로스) = 오메르 = O mère(어머니)

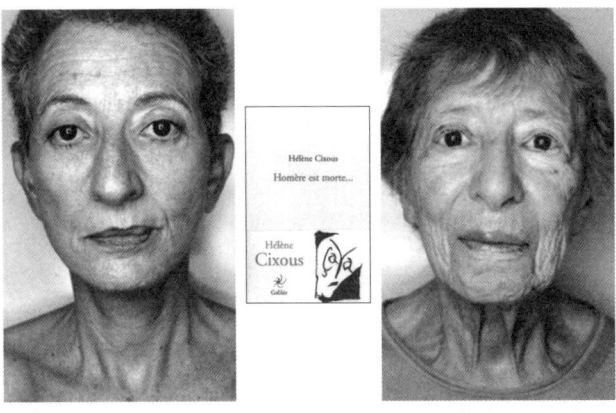

[도판 3]

프랑스어로 호메로스는 '오메르'(Homère), 어머니는 '메르'(mère)이다. '오메르'는 '오 메르'(오 어머니)로 들리며, 식수의 『호메로스는 죽었다…』는 '오 어머니는 죽었다'는 중의적 의미를 갖는다. 고대 그리스의 대표적인 서사시 시인 호메로스가 어머니로 등치되는 뭉클한 순간이 『딕테』의 「칼리오페 서사시」 장에도 있다. 종족이나 국가, 그 형성 신화의 남성 영웅들에 관한 이야기였던 서사시가 차의 어머니 허형순 여사의 사진으로 열린다. "여성에 대해 쓰는 건 상징에 의해 잘려 나간 어머니의 목소리로, 가장 오래된 타자의 그 목소리로 나아가는 것"*이다. 예수의 고난 삽화가 어머니의 어릴 적 이야기로 채워지는 부분까지 오면 자연스럽게 서사시와 역사라는 내러티브의 문제가 부각된다. '나'와 어머니, 어머니의 어머니는 글 속에서 종종 분명히 구분되지 않고 중첩된 타자의 목소리로 이야기한다. 세 사람 사이에 하이픈이 연신 나타났다 사라지고 사라졌다가 다시 진하게 그어진다. "영원히 다른 여성 안에 있는 한 명의 여성"†들은 그 자체로 하나의 리듬이 된다.

다수의 사람들이 알아듣게 말하거나 쓰지 못하는 여자 (그 무수한 'she'), 멀리서 와서 말하는 시늉을 하는 여자는 미친 말의 체현자이자 전달자이다. 주디스 버틀러가 말한 "언어 속에 거주하고 언어로 전달"‡되는 권력

---

* Hélène Cixous, Frédéric-Yves Jeannet, *Rencontre terrestre*, Paris: Galilée, 2005, p. 25.

† Trinh T. Minh-ha, *Woman, Native, Other*, IN: Indiana University Press, 1989, p. 104.

‡ 주디스 버틀러, 『혐오 발언』, 유민석 옮김, 알렙, 2022, 77쪽.

에 저항하는 몸이다. 폭력과 혐오, 배제와 낙인을 가능하게 하는 그 힘을 표현할 수 있는 유일한 방법은 유희하는 것이다. 『딕테』에서 'remove'(없애다, 제거하다)가 're move'(다시 움직이다)가 될 때 제거 혹은 사라짐은 또 다른 움직임으로 유희된다. 문학적 관습의 해체는 바람의 이름을 바꿔 그 바람의 방향을 바꾸는 종류의 유희이다. 장르, 문법, 구두점, 띄어쓰기, 페이지 레이아웃, 서체, 대소문자 혼용, 동음이의어, 이음동의어, 철자 오기, 이미지 배치, 출처 없는 인용, 번역의 구조와 위계… 한 단어가 단일한 의미로 환원되지 않는 것은 물론, 전치(displacement)와 파열(rupture), 문법적 관계의 결렬, 구두점 이용과 생략 등을 매 페이지마다 발견할 수 있다. 여기에서도 하이픈은 문장 부호 이상의 역할을 하는데, 뒷부분으로 갈수록 하이픈이 생략되면서 공동이 가시화되고, 치환과 전치가 용이해지며 거기에서 생성되는 새로운 의미가 재차 치환과 전치를 추동하는 것처럼 보인다 [도판 4].

가기/오기, 가기, 오기의 방식으로 거듭 '타자-되기'가 진행되면서 수많은 동심원이 만들어진다. 『딕테』의 마지막 장 「폴림니아 성시」에서 어머니 약을 구하러 온 여자아이에게 우물가의 여인은 열 번째 주머니와 깨진 그릇을 선물한다. 그릇* 안에서 물이 만들 동심원과 맨 마

*「엘리테레 서정시」 장의
"우묵한 그릇의 표면을 빙빙 돌며 긁어내게 하라. 밖으로부터 소리가 들어가게 하라.
그릇의 텅 빔 그것의 잠들어
있음에"(135)라는 구절과
연결해볼 수 있다.

H   II      

| dy-ing
would-be-said
MAH-UHM | Pass port
uni formed | pidgin, pidgeon
diseuse, disuse | a circle within
a circle
the tenth pocket
and the bowl |

[도판 4]

『딕테』에서는 문자의 형체와 소리, 여백을 읽는 일이 때로 의미를 파악하는 일보다 중요하다. 하이픈을 사용해 분리나 연결의 관계성을 환기하는 단어들에서 점차 하이픈이 생략되고 "Pass port"처럼 여백, 빈틈을 가진 단어들이 등장한다. 다음으로 이 여백이 발음이나 철자가 비슷한 단어들이 전치하는 공간이 되면서 의미는 유보되거나 감각으로 대체된다. 가령, 피진어(pidgin)와 pidgeon(피진어와 그와 발음이 유사한 비둘기[pigeon, 피전]를 합성한 단어이다)의 전치는 소수 언어와 새의 울음을 동시에 감각하게 한다. 소리와 감각으로 확립되는 제3의 언어이다. 『딕테』 마지막 장에 등장하는 "원 속의 원"(a circle within a circle)과 "열 번째 주머니와 깨진 그릇"(the tenth pocket and the bowl) 등이 동심원으로 파장을 만들어 울릴 바로 그 언어.

지막 장면에 하늘로 닿을 종소리의 파장 곁에 모녀가 있다. 원 속의 원은 어머니와 딸, 딸과 어머니의 형상이다. 타자를 받아들인 몸(들)의 기호. 식수가 말한 대타성(alterity)*과 타자성의 무한한 가능성의 몸이, 『딕테』 마지막 장을 덮으면 보이는 유관순과 이화학당 친구들의 사진에 다다르면 '몸들'이 되면서 "고정되었다고, 죽었다고, 생각되었던 시간이 바로 그 움직임의 속도를 드러낸다"(169). 둥글게 둥글게[도판 5].

따옴표 닫고

『딕테』의 미학적 해체 안에는 현실의 재건이 내재되어 있다. 자리를 옮김으로써 의미가 변화하는 '전치'가 디아스포라의 실존과 필연적으로 관계 맺는 것과 마찬가지이다. 디아스포라의 실존 감각인 'in-between'은 이 세계에 제3의 영역인 '사이 내 공간'(in-between space)†을 창조한다. 죽음과 재생이 동시에 일어나는 이 공간에 관한 사유는 순수성에 기초한 견고하고 고정적인 문화, 역사, 인종 등의 불가능성을 상정하는 일이기도 하다. 『딕테』의 쓰기가 확고한 주체 '나'의 죽음, 민족국가의 죽음, 국민문학의 죽음, 절대적 진리와 이성의 죽음 등에서 시작되는 이유이다. 언어와 장르, 인종, 신체 간 전

---

* 나 이외의 것들과 관계를 맺고 상호 작용함으로써 존재를 유지하는 성질.

† 호미 바바가 『문화의 위치』에서 언급한 개념. 주인과 노예, 자아와 타자, 자국 문화와 타국 문화 간의 이분법적 구분이 사라진 '제3의 영역'으로서 '사이 내 공간'을 이야기한다.

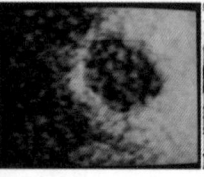

「몽골에서 온 흰 먼지」(White Dust from Mongolia, 1980)의 한 장면. 차의 비디오 작품 「입에서 입으로」(Mouth to Mouth, 1975)의 한 장면. 데메테르 신화에 등장하는 엘레우시스의 칼리코론 우물(Kallichoron well).

[도판 5]

환과 재생이 일어나는 과정과 장소로서 차는 책의 페이지를 하얀 스크린처럼 사용해 영사(映寫)한다. 미완성으로 남은 그의 영화「몽골에서 온 흰 먼지」는 그래서『딕테』에 가장 자주 출몰하는 유령적 각주이자『딕테』안에서 빛과 어둠이 만나는 스크린이라는 H로 거듭 깜빡거린다.

하이픈 긋고

미친 말은 다른 미친 말을 깨운다. 1989년 벨 훅스는 『맞받아치기: 페미니스트로 생각하기, 흑인으로 생각하기』(*Talking Back: Thinking Feminist, Thinking Black*)에서 '미친 말'(crazy talk)을 흑인 페미니스트의 저항 방식의 하나로 제시한다. 그는 권위에 의문을 제기하는 말에 고통과 처벌이 따른다는 것을 위협적으로 경험했다. 그 위해와 억압의 경험을 고백하면서 그는 자신의 말이 미친 말로 취급되던 순간을 회상한다. 어릴 때는 결국 정신병원에 가게 될 거라는 경고를, 자신이 말과 글을 갖게 된 이후로는 "알아듣게 말하고 쓰라"는 주문을 반복해서 들어야 했던 순간들을. 그가『딕테』를 만난 건 자기 안에서 중요한 목소리가 죽어가는 고통에 점점 무력해지던 시기였다.* 미친 말(horse)이 미친 말

---

* 벨 훅스에게
『딕테』를 소개한 건
트린 T. 민하였다.

(talk)을 흔들어 깨우는 순간, "나는 내 목소리를 갖기 위해 말해야 했고, 내가 말하는 것을 들어야 했다"*라는 벨 훅스의 고백이 "그녀는 자신이 말하는 것을 재-생시키기 위해 다시 말하는 것을 듣는다"(162)라는 『딕테』의 문장으로 돌아와 동심원으로 퍼져나간다.

"모든 여성은 그 안에 모든 여성들을 품고 있다. 모든 여성은 모든 여성들의 여성이다"†의 세계와 '모든 여성은 다른 전선에 서 있다'의 세계를 오가는 결속과 단절 사이에 움푹 파이는 틈, 때로 폐허처럼 버려진 그곳에서 미친 말이 태어난다. 죽을까 죽일까 사이에서, 버릴까 바랄까 사이에서. 그러나 어떤 선택이든 미친 말은 안정적인 목적지를 가정하지 않는다. 우리는 처음보다 더 먼 곳에서 죽고, 언제나 처음과 다른 장소로 살아 돌아온다. 『딕테』는 그것을 가장 잘 증언하는 침묵과 동공의 장소이므로,

(그 말이 첫말이었다. 멀리서 온 여자가
있다. 온 만큼 더 멀리 가고 싶은 여자가.
말이 여자에게 묻는다. "실제로
죽지 않고도 더 멀리?"
부러지고 부서진 말이 여자의 대답을 기다린다.
텅 비워져 돌아온다면, 침묵으로 돌아온다면…)

---

* bell hooks, *Talking Back: Thinking Feminist, Thinking Black*, Boston: South End Press, 1998, p. 7.

† Clarice Lispector, *The Apple in the Dark*, New York: New Directions, 2023, p. 187.

죽음이라는 묵음*

테레사 학경 차, 『딕테』 II

> 글을 쓸 수만 있다면 계속 살 수 있을 거라고
> 여자가 자신에게 말한다. 멈추지 않고 쓸 수
> 있다면 하고 […] 여자는 살 것이다. 그 앞에
> 죽음을 펼쳐놓고 그것의 관조자가 될 수 있다면.†
> ―테레사 학경 차, 『딕테』

L‡과 죽음에 관한 글을 써달라는 요청을 받자마자 당신은 이불 속으로 기어 들어갔다. 몸을 동그랗게 말아 엎드린 채 머리만 이불 밖으로 빼놓고 한참 있었다. 햄릿의 두개골은 누구에게나 있다. 질문도 그렇다. 문제는 죽느냐 사느냐가 아니라 둘 중 하나를 선택하는 게 가능할 만큼 그 둘이 뚜렷하게 경계 지어져 있느냐일 텐데.

* ① 默音: 발음되지 않는 소리.
② 默吟: 소리 없이 시를 읊음.

† Theresa Hak Kyung Cha, *DICTEE*, Berkeley: University of California Press, 2001, p. 141. 이 글에서 인용한 부분은 모두 당신이 번역하고 받아쓴 것이다. 이하 이 책을 인용할 시 본문에 쪽수만 표기한다.

‡ 당신은 문학을 모른다. 여기서는 삶과 죽음을 연결하는 매체라는 표식으로 그것을 'L'이라 쓴다.

부푼 이불 밖으로 머리통만 내밀어 읽기 좋은 테레사 학경 차의 『딕테』 표지 이미지도 같은 두개골, 아니 의문을 품고 있다. 선사 시대 무덤들로 추측되는 흑백 사진에는 출처가 없다. 사물이나 말의 근거인 '출처'의 또 다른 의미는 '사람이 다니거나 가는 곳'이다. 그렇게 사진 속 장소는 인간의 마지막 출처가 된다. 이 흑백의 잔허에는 긴 시간 인간을 사유하고 정의하는 데 전제되는 부정으로서의 무(無)가, 침묵이, 불가해함이 표표하다. 나직한 봉분 위에 풍화된 바위가 하나씩 놓인 무덤들이 서로 간격을 두고 다섯 개. 그 뒤로 정점이 사라진 피라미드 모양의 봉화대가 무거운 피로감과 고적함을 얹고 서 있다. 그 쇠폐함의 잔상들이 신경 쓰여 당신은 자주 이미지 위아래를 뒤집는다. 거꾸로를 바로처럼 본다. 봉분 위 바위들이 밑으로 태어나는 머리통으로 변한다. 봉화대는 정점을 향해 아래로 재건되고 있다. 부재하는 정점을 떠올리면 정수리가 가렵지만 어쩐지 불안하진 않다. 인간의 유일한 생이 필연적으로 재생(再生)이어서일까. 인간의 긴 피로감과 허기, 그리움은 시간을 넘어 지속된다. 삶에 붙들린 채 무수히 복제되고 번역된다. 그처럼 신생(新生)이 곧 소생(甦生)이어서 부지불식간에 미끄러져 들어오는 기억의 밤, 그 선명한 어둠에서 시작해보자, 하고 당신은 『딕테』의 표지를 넘겼다.

이야기는 죽음으로부터 시작된다

작고 약한 삶을 보관한 지 9개월째 되던 날, 여자는 또 다른 여자의 입관식에 갔다. 9개월은 아기의 감각 체계가 완성되는 시기라고 했다. 머리에 재가 내린 사람들이 하얀 복도에서 여자를 만류했다. 삶 속에 삶이 있는 사람은 이곳에 와서는 안 돼. 말은 그렇게 하면서도 막상 여자가 배를 불룩하게 앞세워 전진하자 그들은 선선히 길을 터주었다. 여자가 다른 여자의 마지막 몸 앞에 금방 도착했다. 그 몸이 놀라지 않도록 얼굴 위 하얀 천을 천천히 내려 두 뺨을 쓰다듬고 이마에 입을 맞추고 천을 덮었다. 다시 내렸다. 어릴 때 여자와 여자가 했던 까꿍 놀이처럼. 덮었다.

    며칠 후 여자는 여자의 관이 묘혈로 내려가는 것을 지켜봤다. 흙을 채우고 땅을 다지는 달구질에 맞춰 여자의 발이 움찔거렸다. 봉분이 더 그럴 수 없을 만큼 동그래졌다. 사람들이 여자의 배와 그것을 번갈아 봤다. 시간이 둥글게 흐르고, 묘석이 준비되는 동안 그들로부터 등을 돌리고 반쯤 누워 있던 여자의 배 위로 순식간에 검은 고양이 한 마리가 올라와 몸을 말았다. 끝이 들린 꼬리가 죽음 옆에 붙은 아포스트로피 같았다. 여자는 당황하는 기색 없이 그것이 작은 삶과 아래위로 잠들도록 놔두었다. 삶을 보관한 곳에 죽음의 자리가 막 생겨나는 참이었다. 더는 작고 약하지만은 않도록. 죽음의 자리가 완성되자 여자가 나를 낳았다. 나는 땅 밑이 온통 죽은 자들인 세계로 태어났다. 아래로, 동시에 위로 힘껏.

무덤들을 옆으로 넘기자마자 검은 배경과 맞닥뜨린 당신은 돌연 딛고 선 바닥이 꺼지는 감각에 놀란다. 표지 이미지의 무덤들 아래로, 어둡고 비명하는 지하로 공감각이 추락한다. 검은 벽의 오래된 죽음이 당신을 맞는다. 많은 죽음이 거기 있다. 낙석이 덮치고 돌가루가 날리고 규폐증의 기침 소리가 들린다. 당신은 거기 없었지만 이제 거기 있다. 처음에는 물끄러미 보다가 천천히 듣고 냄새를 맡는다. 역시나 출처가 없는 이미지를 따라 당신은 하강하고 죽음들과 머물다가 물러선다. 물러서야 보이는 문장들을 읽으려고. 의도적으로 불선명하게 여러 번 탁본하고 복사한 듯한 이미지를 오른쪽에서 왼쪽으로, 또 그 반대로 읽는다. 『딕테』 전체에서 유일한 한국어 문장이다.

매체 이론가 빌렘 플루서의 관점대로 이미지의 출현이 "그것으로 실제를 창출하기 위해서"*라면, 언어가 이미지가 된 이 검은 세계의 기록이 실제로 드러내는 것은 무엇인가. 당신은 비명이라고 느낀다. 이 지하의, 폐허의, 검은 벽의, 거대한 석관에 들끓는 비명. 역사의 기억과 기

* 빌렘 플루서, 『피상성 예찬』, 김성재 옮김, 커뮤니케이션북스, 2004, 2-4쪽.

록에 부재하는 모국어 소실자들이 지르는 비명. 떠났으나 도착하지 못한 이들의 비명. 고향에 가고싶다 배가고파요 어머니 보고싶어. 그리움과 허기, 어머니라는 생의 필연적인 정동과 함께 죽음의 실제를 드러내는 그 비명을 받아쓰는 일에 대해 당신은 골똘해진다. 그리하여 이 죽음의 장소에서 L이 출몰한다. 빈 무덤에서. 빈 채로 중첩된 기억을 담보하고 있는 그곳에서. 엘렌 식수가 "오래도록 울부짖기 위해, 음악이 될 때까지 비명을 내지르기 위해"* L이 존재한다고 했듯이 그 검은 벽은 줄곧 비명의 소멸을 지연하며 버티고 있다. 기억의 여신 므네모시네의 아홉 딸이 각각 관장하는 역사, 서사시, 천문학, 비극, 사랑시, 서정시, 희극, 합창 무용, 성시로 구성된 『딕테』에서 이 장르들은 소멸과 망각, 부재를 지연하는 공동의 밤이자 벽으로 서로 관계한다. 당신은 공동의 밤들의 어머니 므네모시네가 기억의 여신임을 거듭 떠올린다. 관계한다는 건 기억한다는 것. 기억을 잃는다는 건 실존적 관계가 무화된다는 것. 죽음. 그다음에, 검은 바탕의 하얀 비명과 그 공동의 밤 사이에 사포의 글이 빛 속에 뜨는 나뭇잎처럼 놓여 있다.

맨살보다 숨김없고, 뼈보다 강하며,
힘줄보다 팽팽하고, 신경보다 섬세한 이야기를
쓸 수 있다면…
 —사포†

†쪽수가 없는 파라텍스트이다.

*엘렌 식수,『아야이! 문학의 비명』,
이혜인 옮김, 워크룸프레스, 2022, 59쪽.

이것은 또한 사포의 글이 아니다.『딕테』에서 서로 밀접하게 관계하는 여타 이미지들과 마찬가지로 이 짧은 글도 출처가 불분명하다. 테레사 학경 차가 시도한, 경계를 흐리는 의도적 신화화 중 하나일까. 열 번째 뮤즈로 호명되는 사포를 죽이고 빛나는 여성 작가 사포로 되살려낼 발원문일까. 당신은 이전 이미지들에서 근원 없음과 죽음을 순차적으로 떠올리다가 돌연 부여된 생생한 육체성에 당황한다. 살과 뼈, 힘줄과 신경이 살아 있는 사포의 몸. 풍화된 몸, 지하의 몸, 빈 무덤의 몸이 돌아와 포개진다. 그 몸들로 쓰는 글이다. L이 두꺼워진다. 어머니, 기억으로부터 아홉 개의 문이 열린다. 직접 말할 수 없는 이들이 기다린다. DISEUSE가 등장한다. DISEUSE, 말하는 여자가 받아쓴다. 처음에는 고통스럽게, 나중에는 환희와 은닉 속에서 번역의 시차와 틀린 받아쓰기로 저항하며. 여자 덕분에 당신은 말할 수 없음을 말하는, 쓸 수 없음을 쓰는 장소에서 발생하는 구름을 읽을 수 있게 된다. 천연덕스럽게 틀린 오답의 내력이 여자의 정체성이 되려나 할 때 한편에서는 결코 고정되지 않는, 내가 '나'가 되는 것에 그치지 않고 내가 '너'가 되는 것을 꺼리지 않는 여자가 등장한다. 그래도 당신은 혼란스럽게 느끼지 않는다. 동시에 순순히 '우리'가 될 수 없도록 베일, 덮개, 막이 '나'와 '너'를 떼어놓으며 마련하는 '사이'에 놓여도. 그것은 여자가 죽을 수 있게 마련되는 사이, 재생할 수 있게 열어놓는 틈. '우리'로 묶이는 의미화 맥락과 담론 체계 안으로 진입하지 않으면서 새로운 영토를 뜨개질하다가 풀었다가 하면서 결국,

여자는 타인들을 받아들인다. 여자 대신 타인이 가득하도록 용납한다. 떼를 지어. 모든 불모의 빈 곳이 채워지도록. 타인들이 여자를 차지한다(3).

서로를 배회하던 여자와 죽음이 서로에게 틈입했다 빠져나오는 방식으로 만난다. 프랑스어 diseuse는 말하는 여자이고 영매이며 여성 작가이므로 일반적으로 주체성이 희박한 언어 행위인 받아쓰기에도, 그 불완전한 발화와 흉내에도 새로운 의미가 생성된다. 타자를, 죽음을 받아들이기 위해 빈 몸이 된 말하는 여자는 불완전한 언어로 쓰기 시작한다. 죽은 이들의 이름을 부르기 시작한다. 쓰기와 부름의 연쇄 안에서 여자는 L의 비밀과 가까워진다.

밀폐된 어둠 속에서 기억이 달아나고

회색 뼈를 떠올리며 기도하는 여자. 기도는 물잔에 담길 만한 노래가 되어 퍼진다. 바다로는 흘러도 땅속에

는 닿지 못하는 노래.

동굴 입구의 안개와 메아리로 연결된 존재여, 어디에 있느냐.
   나는 꿈속에서도 네 두 발을 데우며 운다.

여자의 시간이자 기억인 존재가 검은 우유* 흐르는 지하에 갇혀 있는 동안 여자는 세상 곳곳에서 머리를 내리깔고 울었다. 제우스와 하데스는 모른 척했다. 시간이자 기억인 존재가 석류알을 억지로 삼켰다. 죽음이 싹텄다. 신의 고귀함은 창조가 아니라 죽음의 죽음, 그 완벽한 절멸에 깃들어 있는 것인가. 여자가 탄식하자 즉시 겨울이 왔다.

어둠에서 벗어나려고 어둠 속으로 들어간 이름들이 하나로 모였다가 번진다. 『딕테』에서 역사와 서사시는 망각된 이름 부르기, 더 많은 이름들로 대답하기로 이루어진다. 유독 여성의 것인 그 이름과 이름들은 서로가 죽음의 목격자들인 양 자주 마주 서고 마주 호명한다. 유관순, 명성왕후, 차의 어머니 허형순, 어머니의 어머니, 성 테레즈, 잔다르크, 게르트루드, 데메테르, 페르세포네, 사마리아 여인, 바리데기… 이들은 세계의 폭력을 치르고, 쌓인 눈과 녹은 눈 사이의 시간에 머문다. 여자들이

---

*파울 첼란의 「죽음의 푸가」에서.
이와 대조적으로 엘렌 식수는 여성이 젖과 같은 하얀 잉크로 글을 써야 한다고 쓴다.
『딕테』에서는 피와 잉크가 동치된다.

말한다. 당신이 깨어 있지만 가끔 눈을 감고 있는 것처럼, 죽음은 그런 것이지요. L은 그들이 생존의 바람으로 선택한 양피지 위에 쓰인다. 당신은 많은 이름들이 겹쳐지며 사라졌다가 모든 이름으로 떠오르는 걸 본다. 질문이 피어오른다. 죽음이 여성일 수 있는가. 그렇다. 여성은 죽음인가. 이 질문의 답은 조금 길어져야 한다.

고대의 죽음은 특정 젠더로 환원되지 않았다. 중성적 사유로 연결되던 그것이 중세 유럽을 지날 때쯤에는 흥미로운 논의의 대상으로 부각된다. 죽음이 세상에 나타난 원인이 과연 아담에게 있는가 이브에게 있는가를 두고 오고 간 설전이 종교인들만의 관심을 끈 건 아니었다. 낭만주의 시대에는 사랑을 위한 죽음이 유행하면서 그 시조나 다름없는 예수를 따라 많은 남성이 자의식을 부풀렸다.* 19세기 말에 오면 여성을 죽음 자체로 묘사하는 경우가 두드러지는데, 이 변화는 그즈음 활발해진 여성 해방 운동과의 연관성 안에서 여성에 대한 남성의 모순적인 욕망과 두려움이 반영된 재현으로 설명될 수 있다. 죽음으로 오인된 여성들의 화형을 당신은 기억한다. 불이 옮겨붙는다. 1970년대 후기구조주의 페미니즘의 한 흐름이자 문학 사조인 '여성적 글쓰기'를 주창하면서 엘렌 식수는 세계의 모든 상징체계가 정치적이라고 지적한다. 그에 따르면, 이 상징체계는 해/달, 백/흑, 서양/동양, 주인/노예, 정신/몸, 이성/감성, 삶/죽음 등처

---

* 필립 아리에스,『죽음의 역사』, 이종민 옮김, 동문선, 1998 참조.

럼 무수한 이분법적 위계 관계로 이루어져 있으며 이 이항 대립의 요소들은 대부분 남성/여성이라는 이항으로 환원된다.

때때로 L은 여성의 자리에 놓이는 열등하고 어둡고 더러운 것들을 증언한다. 여성 스스로가 억압을 내면화하도록 이 세계의 상징체계가 조작되어온 긴 역사 동안 죽음과 여성의 관계는 죽음이 긍정적인 의미일 때는 여성과 멀어졌다가, 부정적 의미가 되면 거의 한 몸이 되곤 했다. (프랑스 상징주의 시에서 '백조'가 그랬던 것처럼) 죽음의 모호한 두 얼굴, 그 이중성은 여성을 대하는 분열된 태도와 무관하지 않다. 삶과 죽음, 이분되지 않는 둘을 두고 누군가는 자신들이 죽음을 정복할 수 있다고 믿었다. 어떤 L은 죽음을 극복하기 위해 쓰였다. 당신은 고개를 젓는다. 죽음은 정복되지 않는다. 여느 여자들이 그렇듯이. 어떤 여자든 그렇듯이. 하나 이상의 생명과 죽음이 만물에 깃들어 있음을 구름에 매혹당할 때마다 노래하는, 데메테르이자 차의 어머니 허형순이고 페르세포네이며 테레사 학경 차 자신일 수 있는 여자,

여자가 부를 수 있게 하라. 여자가 긴 시간 거듭 내려지는 저주를 깨뜨리게 하라. 여자의 목소리로, 지구 표면을 꿰뚫고, 타르타로스의 벽에 그릇의 표면으로 원을 그려 긁어내게 하라. 소리가 틈입하게 하라. 그릇의 텅 빔 그

것의 잠듦. 그때까지 (123).

지하로 납치된 한 여자가 벽에 손을 대고 귀를 기울이고 있다. 모든 생명은 죽음과 함께 온다. 여자가 받아쓴다. 발아래는 하늘. 머리 위는 땅. 거꾸로 된 세계에서 여자는 검은 우유를 마신다. 세계가 바로 서는 동안 멀미하지 않도록. 페르세포네. 마관을 쓰면 보이지 않는 하데스처럼 죽음이 베일을 쓰고 여자를 부른다. 페르세포네. 여자가 죽음의 베일을 훔친다. 하나가 아닌 죽음이 여자 주위로 몰려든다. 여자가 타르타로스 벽에 손을 대고 그 위에 붉은 오커 가루를 뿜는다. 손을 뗀다. 살아 있는 어머니의 유령 같은 손자국이 남는다. 주변은 붉거나 검다. 텅 빈 손 하나는 한 번의 죽음. 하나가 아닌 죽음의 손들이 봉인된다. 밀폐된 어둠이 기억을 회람한다. 모든 기억이 죽은 언어. 여자의 손을 죽은 말들이 놓아주지 않는다. 비밀스럽고 잔인한 사건의 목격자여. 당신이 받아 적는다. "오르페우스가 에우리디케를 향해 내려갔다면 예술은 밤이 스스로를 개방하도록 하는 권능"*이라던 모리스 블랑쇼의 말 옆에, 죽음만큼 죽음에 대해 알고 있는 이는 없으나 L이 말하길 죽음은 삶의 방언이며…

* 조르주 디디-위베르만,
『어둠에서 벗어나기』, 이나라 옮김,
만일, 2016, 69쪽에서 재인용.

빛나고 가득한 부재

만물을 창조함으로써 그는 만물 속으로 아늑하게 서려들었다. 그 속에서 그는 형태가 있는 것과 형태가 없는 것이 되었다. 정의할 수 있는 것과 정의할 수 없는 것이 되었다. 진실의 증거일 수 있는 것과 증거일 수 없는 것이 되었다. 생경한 것, 우아한 무엇이 되었다. 그는 모든 종류의 빛과 어둠을 안았다. 바로 그 이유로 현명한 사람들은 그를 '유일하게 실재하는 하나'로 불렀다.*

신화가 힘을 잃은 뒤로는 모두 그를 죽음이라고 불렀다. 여자는 그가 이야기의 구조를 품고 있다고 믿었다. 처음의 장소를 떠나 처음이 아닌 장소로 가는 모든 이야기에 그가 깃들어 있었으므로. 그가 동시적으로 어디에나 존재하고, 어디든 가고, 언제든 돌아올 것임을 알았다. 여자가 썼다.

"추방된 공간으로부터 수많은 죽음이, 기억이, 여자들이 돌아옵니다. 정주하기 위해서가 아니라 새롭게 떠나려고요. 그들은 가고 오며 망각 속에 길을 만듭니다. 망각 안에서 나아갑니다."

납치된 페르세포네는 지상의 시간을 잃고, 그 시간이 연결할 미래의 기억도 잃는다. 아홉 낮 아홉 밤을 애타게

---

* Clarice Lispector, *The Apple in the Dark*, Austin: University of Texas Press, 1986, p. 3, 'Vedas' 참조.

딸을 찾아 헤매던 데메테르에게 페르세포네가 있는 곳을 알려준 것이 헬리오스라는 설이 있지만 그보다는 이름 없는 샘의 요정의 도움이라고 기록한 쪽을 당신은 더 좋아한다. 납치를 공모한 제우스와 하데스도, 그들이 두려워 페르세포네의 행방에 대해 입을 닫은 여타 신들도 이 상실과 슬픔에 책임이 있다. 그러나 중재는 이상하게 이루어진다. 페르세포네는 어머니 데메테르에게 왔다가 지하로 다시 가서 1년 중 일정 기간을 머물러야 한다. 그 시간 동안 딸과 헤어진 어머니의 고통과 어둠으로 아무것도 자라지 못한 지상에는 지하와 다를 바 없이 냉기가 흐른다. 사랑도 움츠러든다. 딸은 주기적으로 지상과 지하를 오간다. 하강은 죽음이, 상승은 재생이 된다. 죽음과 생명이 순환한다. 페르세포네와 데메테르가 풍요의 여신이면서 죽음의 여신이기도 한 이유이다. 어머니이자 소녀라는, 여성과 관련하여 갖는 그들의 비결정성이 사람들을 혼란스럽게 했듯이 삶과 죽음에 관해서도 그랬다. 당신은 기억해내려 애썼다. 하강과 상승에 수반되는 혼란과 불안정 속에서 어슴푸레 나아간 그들의 대화에 대해. 그건 삶과 죽음의 대화였는데. 겨우 기억난 건 꽃이었다. 「데메테르 찬가」에서 페르세포네가 데메테르에게 납치 정황을 설명하며 나열하는 상냥한 붓꽃과 히아신스, 장미, 신의 눈을 속이는 백합, 수선화… 삶과 죽음의 경계에 꽃이 만발했다. 꽃이 경계마다 필요한 건지도 몰랐다.

　『딕테』의 「엘리테레 서정시」 장에서 재설정되는 순환과 죽음의 의미 옆에도 꽃이 필요하다. 프랑스어 가기(aller), 돌아오기(retour)가 반복되는 소제목들과 엘레우시스 밀교(Eleusinian Mysteries)의 비밀 회합을 연상케 하는 부분은 호메로스 서사시에서 보여주는 삶과 죽음에 관한 인식 밖에서 새로운 관계 지대, 차의 방식으로 말하자면 공동(cavity), 틈, 사이라는 존재 양상을 향하고 있다. 겨울과 봄을 여는 데메테르와 페르세포네가 실은 그 사이 시간을 더 중요하게 관장하듯이 힌두 신화의 여신 칼리도 사랑을 주는 어머니 신이면서 전쟁의 신으로서 그 사이와 관계를 사유하게 하고, 중국 신화의 여신 서왕모도 죽음과 사랑을 함께 다스리며 인간에게 둘의 공동 영역을 상상하게 한다. 여성과 죽음이라는 미심쩍은 관계만큼이나 사랑과 죽음이라는 쌍도 의심스러워서 그 둘의 오고 감에 당신도 예외일 수 없다. 죽음이었던 적이 있는 생의 감각은 디아스포라의 세계감을 형성한다. 끝내 상상했던 귀향에 실패하는 이들, 죽음 없이 죽어버린 이들의 세계감. 그들이 이산-귀향-이산하며 페르세포네의 하강-상승-하강을 반복한다. 그렇게 의미의 등치와 은유가 안정될수록 그 시작점은 자꾸 허물어진다. 「데메테르 찬가」에서 보이는 관계와 달리 『딕테』에서는 어머니와 딸이 혼재되며 서로의 자리를 오고 간다. 죽음을 죽이지 않기 위해 어머니도 딸도 말하는 여자가 되어야 한다는 주문이 이어진다. "시간의 기억 속에 매장된"(133) 언어를 발굴해서.

역사. 과거. 말하는 여자이자, 아홉 낮과 아홉 밤을 기다리는 어머니가 찾도록 하라. 기억을 복원하라. 말하는 여자이자, 딸인 사람이 땅 아래에서 나타날 때마다 봄을 되찾게 하라(133).

외로운 손자국 같은 언어들.「엘리테레 서정시」장의 마지막 이미지는 표지 다음 장에 놓인 검은 벽의 문장들과 호응한다. 여긴 어딜까. 페르세포네의 하강과 상승 사이의 시간이 흐르는, 안개가 땅에 바짝 붙어 흐르는 지하로 입구인지도 모른다. 동굴 벽에 남은 손이나 나뭇잎, 손금과 잎맥을 떠올리지만 표제도 출처도 없다. 그게 무엇이든 언젠가 거기 있었음을 의미하며, 지금은 "삶에서 느닷없이 버림받은 동물의 명백함보다 더욱 명백하게, 죽음의 그것보다 더욱 명백하게"* 부재함을 전한다. 상당수가 여성 예술가의 것으로 추정된다던 구석기 시대 페슈메를 동굴 벽에 남은 손들이 함께 아른거린다. 붉은 산화철 가루가 드러내는 손의 빈 모양. 비움과 채움의 관계로 드러나는 기억의 형상. 부재가 가장 뚜렷한 존재가 된다. 그처럼 죽음이, 망각이, 사라진 언어가 삶의 샘을 회생시킨다.

원본에서 멀어진 죽음의 춤

> 당신은 죽어본 사람이다. 소거되었던 세계를 18년 만에 방문해 재생했을 때, 마침내 당신은 디아스포라로서 고통의 질감을 경험한다. 세계의 볼모, 삶과 죽음을 동시에 이행하는 자, 출발어와 도착어가 연결될 가능성

*마르그리트 뒤라스,
『죽음의 병』, 조재룡 옮김,
난다, 2022, 36쪽.

안에만 존재하는 가장 오랜 언어적 통증. 그리하여 어떤 세계에서는 죽은 자. 다른 세계에서는 아직 죽지 못한 자. 디아스포라. 덮개, 장막, 은닉, 가면, 베일, 구름, 그늘, 일식, 비밀이라는 모호한 존재 양식의 목록을 가진 이들. 두 발이 바다에서는 날개로 하늘에서는 아가미로 자꾸 변해 바다로도, 하늘로도 갈 수 없다. 어디로도 나타날 수가 없다. 오직 이 가운데, 실재와 환영이 공존하는 하얀 스크린 외에는.

1979년, 1980년 두 차례 한국을 방문했던 차는 영화 「몽골에서 온 흰 먼지」 촬영을 준비 중이었다. 영화는 완성되지 못했고, 영화를 책으로 옮기려던 계획도 무산되었다. 당신은 그 과정에서 회복, 복구, 합치의 불가능성과 맞닥뜨린 한 여자와 토텐탄츠(Totentanz)를 떠올린다. 유럽 중세 말 교회 담장과 납골당 벽면에서 시작된, 해골로 형상화된 죽음과 산 자가 같이 있는 벽화. 죽음을 보거나 증언할 수 없는 인간은 자기들과 비슷한 형상으로 그것을 재현하곤 했다. 인간은 형체 없는 것들에게 자신과 닮은 무언가를 주는 이상한 존재이다. 해골 형상으로 재현한 죽음의 의인화는 죽은 자를 산 자의 변형으로 수용하는 죽음관의 반영이었을지 모른다. 죽음이 악기를 연주하고 춤을 주도하는 동안 살아 있는 인간들은 현실 세계의 정체성을 드러내는 복장을 하고 죽음이 이끄는

대로 반응한다. 일명 '죽음의 춤'은 산 자와 죽음의 협업으로 가능해진다. 불가능한 조우가 이루어지는 공간, 의인화된 죽음과 살아 있는 인간의 공동 영역이기도 한 토텐탄츠는 다음 벽의 토텐탄츠로, 또 다음 토텐탄츠로 이어진다. 마치 연작처럼 죽음과 죽지 않고 산 자가 춤을 추며 커다란 원을 만든다. 이 순환의 구조가 연속하는 이미지는 차가 죽은 기억으로 이어가는 언어적 퍼포먼스와 닮아 있다.

    토텐탄츠 위아래로는 산 자를 향하는 죽음의 설교나 죽음과 산 자의 대화가 놓이곤 했다. '죽음에 발을 들여놓는다'는 의미의 이 바도모리(Vado mori)는 대개 운문 형식을 취하고 있어서 '죽음의 시'라고도 불린다. 당신은 『딕테』의 검은 벽, 거기에 새겨진 문장을 기억한다. 그것을 바도모리라 불러도 될까. 그곳에도 산 자가 있었고, 죽음이 있었다. 차가 방문했던 해의 한국도 그랬을 것이다. 완성되지 못한 영화, 제작되지 못한 책 이후에 출판된 『딕테』에서 그 시간의 흔적들은 자주 검은 벽, 흰 스크린 위에 영사된다. 덧씌우기, 덧입히기의 방식으로. 대부분 파괴되어 복사본만 남아 있는 토텐탄츠와 바도모리처럼 원본에서 멀어진 죽음의 춤, 죽음의 시가 거기 있다. 그리하여 나는 살다 남은 죽음이지. 당신이 쓰는 바도모리의 첫 행은 그렇다. 죽음이 해골을 흔들며 답할지 모른다. 더 멀고 깊은 내면으로 갈수록, 부재의 확신(131). 거기에 L이 있다. L은 "항상 같은 무덤, 같은 비밀 주위를 바삐 움직"*이므로. 그렇더라도

여자는 어떤 이야기의 특정 전개를 따르지 않는다. 다만 여자 몸 안에 창조된 영원성을 따를 뿐이다(149).

전달되지 못하는 두 통의 편지와 불분명한 기억들, 부재가 혼재되어 있는 「탈리아 희극」 장에 등장하는 문장이다. 그간 연신 해체되고 재조립된 쌍들이 또 한 번 방향을 틀어 춤춘다. 장의 첫 이미지는 거대한 프레스코화의 일부분으로 짐작되는 비극의 뮤즈 멜포메네이다. 희극 장을 비극의 뮤즈로 열자 비극과 희극의 등이 맞닿는다. 그 이후로 수신자/발신자, 읽기/쓰기, 말/글, 기억/망각, 삶/죽음, 원본/복사본, 원서/번역서, 아나스포라/디아스포라 등의 관계가 중의적이고 우연한 것으로 변모한다. 차가 「관객 먼 친척」에서 특유의 언어 사유로 조립한 '발수신자'처럼. 누군가는 이 이항들이 구축과 해체의 욕망에 꿰어져 모순적으로 공존한다고 본다. 하지만 당신은 구축 안에 해체의 가능성이, 해체 안에 구축의 가능성이 함축되어 있으며 둘의 관계는 일종의 상태 변화와 유사하다고 술회할 것이다. 이질적인 두 영역의 공존을 가능하게 하는 스크린이 이항을 모두 담는다. 그럴 때 스크린은 현실과 꿈의 접경지대이고, 말하는 여자

---

*엘렌 식수, 앞의 책, 27쪽.

의 피부이며, 손과 만나는 글쓰기 지면이다. 그것들은 모두 죽음을 잘 안다.『딕테』에서 의미의 교차로마다 서 있는, 줄곧 여기에 없으면서 있음이 가정되는 얼굴들처럼. 그들은 "실제로 죽지 않고는 죽음을 극복할 수 없다는 걸 잘 알"(141)아서 부재하며 존재한다. 클라리시 리스펙토르가 죽고 싶어 했던 이유이기도 한 바로 그 근거에 기대어 L은 존재한다. 생전 마지막 작품인『별의 시간』(1977)의 창작 노트에 남긴 그대로,

죽음 뒤에도 생이 존재하는지 아는 유일한 방법은 아직 살아 있는 동안에 믿는 것이다. 나는 일단 죽었다가 다시 살아나고 싶었다. 그저 생의 정수인 죽음을 알기 위해서. […] 죽음을 생각한다는 건, 두렵고 무섭다고 알고 있는 그것을 생각한다는 건 죽는 것이 얼마나 필요한지 이해하는 일이다.*

『별의 시간』의 마카베아가 갑자기 죽어버렸을 때 당신은 너무 놀라서 이 죽음이 구축되는 중요한 순간을 놓친 게 아닌지 지나온 페이지를 더듬어갔다. 리스펙토르의 죽고자 하는 욕망이 어둠의 파장에 맞춰 미묘한 방식으로 발산되었던 건 아닌가. 엘렌 식수는 "죽고자 하는 욕망은 알고자 하는 욕망"이라고 했지만 마카베아가 원했던 건 그게 아니었을지 모른다고 당신은 오래 생각했다.

*엘렌 식수,『글쓰기 사다리의 세 칸』, 신해경 옮김, 밤의책, 2022, 65쪽에서 재인용.

그와 유사한 반짝임, 짧은 확신, 기어코 남는 사랑 같은 게 아니었을까 하고. 죽음을 요청한다고 해서 누구나 죽는 것은 아니어서 마카베아의 죽음 이후 일어난 리스펙토르의 죽음은 L이 이례적인 방식으로 관여한 결과였다. 『별의 시간』은 그의 마지막 작품으로 남았다. 『딕테』는 어떤가. 당신은 느릿느릿 책장을 넘겼다. 이미 일어난 죽음은 유예하지 못한다는 걸 알아도, 알아서.

여자는 시간을 그 본령으로 돌려보내겠다고 자신에게 말한다. 시간 그 자체로. 시간 전의 시간으로. 그 최초의 죽음으로. 모든 죽음으로부터. 단 하나의 죽음으로. 하나이자 유일하게 남은. 여기 고지가 전해진다. 재림(再臨) (150).

당신은 죽음이 일어나기도 전에 이미 죽음의 목격자가 된다. 이 텅 빈 자리에 존재했던 무언가/누군가를 기억하도록 손을 끄는 여자의. 당신은 이전 이미지들이 모두 더 이상 현존하지 않는 순간, 지금은 사라지고 없으나 언제고 한 번은 존재했었던 것을 대신해온 그 감각에 한동안 사로잡힌다. 즉각 떨림. 갑자기 당신 앞에 죽음이 나타난다. 『딕테』 최후의 죽음이. 부재의 얼굴을 한 퍼포머. 완전히 탈각되지 못한 사슴뿔. 죽음이라는 마술적 임무를 맡은 시인. 장악된 운명을 가리는 베일. 하나의 세계를 잃고 다른 세계는 얻지 못한 영매. 그리하여 상실이 가져가는 것과 가져오는 것이 교환되는 틈, 사이, 공백, 그 무한한 결핍의 자리에서 받아쓰는 여자. 고지가 전해진다. 재림. 기억의 구조로 쓴다. 비움이 채움이 되는 구조로. 죽음으로 거듭 쓴다. 당신은 결속된다. '죽음'은 도무지 죽지 않아서. 마지막 장 「폴림니아 성시」에서 비로소 묘사되는 맨 앞, 그 표지의 폐허. 기억할 수 있을까.

> 비바람에 하나씩 하나씩 내던져진 말들
> 명백하게 공언되었다, 시간에.
> 만약 그것이 새겨진다면, 말의 화석 자국,
> 말의 잔여를 만들고, 마치 폐허가 그렇듯 서 있다면,
> 그저, 기호처럼
> 시간에 거리에 자신을 내주었다는(177)

당신도 기억하고 싶어졌다. 마지막 장의 여자가 우물가에서 만난 아이에게 한 말. 아이가 찾아다닌, 어머니를 구할 약이 든 꾸러미를 아이의 손에 쥐여주고 여자가 한 말. *빨리 집에 가라고, 멈추지 말고 일러준 것을 모두 기억하라고*(170). 두 그림자가 집으로 간다. 서로를 기억하려고. 죽음이 L과 함께 간다.

L은 죽음이 오를 다양한 무대 형식을 고안한다. 죽음이

라는 퍼포먼스의 기록, 일회성으로 사라지는, 궁극적으로는 기록 불가능한 그것을 남기고자 여러 번 죽음을 복기하고 재생하고 소생시킨다. 죽음을 죽이지 않기 위해. 당신에게 『딕테』가 L이기만 한 건 아니더라도 이명이자 환영인 목소리, 죽음으로 죽음을 회생시키는 일련의 구축과 해체를 동시에 진행하는 조각난 목소리는 특정 장르에 귀속됨 없이 아름답다. 그 목소리가 감행하는 언어와 기억, 몸, 신화, 여성, 죽음 등의 타자 횡단과 연결로 인해 『딕테』는 죽음으로 꽉 차 흐르다가 죽음으로 비워진다. 그래서 당신은 이렇게 말할 수밖에 없다. 이것은 죽음의 퍼포먼스. 죽음이 죽음의 문장을 끝마친다. 그 끝에 생이 매달린다. 서로를 꽉 잡아 스스로를 지탱하는 세계의 구조가 거기 있다. 간혹 L의 비밀이 되는 그것이. **원(圓) 속의 원(圓)**(173).

> 알래스카의 한 소수 부족에는 죽음과 관련해 특이한 풍습이 있다고, 여자가 말했다.
> 　남편이 죽으면 아내의 얼굴에 온통 검은 칠을 하는 거예요.
> 　온통 까맣게요? 상복 같은 의미인가요?
> 　여자가 썰물처럼 손을 저었다.
> 　눈물의 흔적을 확인하기 쉽게요. 검은 칠이 많이 남을수록 치욕이 돼요.

치욕이 된다는 게…
　도망쳐온 사람을 만난 적이 있어요. 죽음을 기다리는 침묵으로부터.
　오셀로처럼 "불을 꺼다오"라고 요구할 수 있다면. 죽음 직전에 경험하는 세계의 침묵을 떠올리며. 비그을데를 찾는 사람들처럼 머리를 손으로 가리고 모두 기다리고 있었다.
　도망친 여자의 이야기는 이렇게 시작된다고 했다.
　"그는 숲으로 가버렸습니다."*

다시, 모든 이야기는 죽음으로부터 시작된다.

*알래스카의 틀링깃족(Tlingit)이 죽음을 암시하는 표현.

마지네일리아의 거주자: 여성적 읽기로 여백을 쓰다

김지승 지음

초판 1쇄 인쇄   2025년 6월 5일
초판 1쇄 발행   2025년 6월 18일

ISBN 979-11-90853-66-8 (03800)

발행처   도서출판 마티
출판등록   2005년 4월 13일
등록번호   제2005-22호
발행인   정희경
편집   조은, 서성진
표지 디자인   김동신
본문 디자인   이기준

주소   서울시 마포구 잔다리로 101, 2층 (04003)
전화   02-333-3110
이메일   matibook@naver.com
홈페이지   matibooks.com
인스타그램   instagram.com/matibooks
엑스   x.com/matibook
페이스북   facebook.com/matibooks